VON DER BOHNE
KAFFEE
ZUM ESPRESSO
Francesco
und Riccardo Illy
edition spangenberg
bei Droemer Knaur

Grafischer Entwurf: Marc Walter
Layout: Simona Aguzzoni

Fotos: Francesco Illy
Bildquellen: Lauros-Giraudon, Paris
Roger-Viollet, Paris
Artbook, Paris
Archivio Illycaffè, Triest
Enrico Castruccio, Mailand
Jacobs Suchard Museum, Zürich
SIPA Editions, Paris
Tropenmuseum, Amsterdam

Satz: OK Satz GmbH, Unterschleißheim
Herstellung: Langemann & Langemann, München
Rohübersetzung: Studio Peter Eustace
Überarbeitung der deutschen Ausgabe: Susanne Bunzel

Printed in Spain 1994
Artes Graficas Toledo S.A.
D.L.TO: 1097 - 1994
ISBN 3 426 26763 2
2 4 5 3

Kaffee ist weit mehr als nur ein Getränk. Wer einmal in einem Café, sei es nun eines der legendären Kaffeehäuser oder nur ein einfaches Straßencafé, gesessen und dem bunten Treiben zugesehen hat, verbindet auch ein Lebensgefühl damit.

Seine Wurzeln hat das aromatische Getränk in der arabischen Welt. Schon bald erkannte man dort die anregende Wirkung und den Wohlgeruch des Kaffees. Heute wissen Liebhaber und Fachleute gleichermaßen die Qualitäten eines guten Kaffees zu schätzen, die Farbe, den Duft, das Aroma und den Geschmack. Kaffee vermittelt aber nicht nur Genuß, er stellt auch ein kostbares Stück Kultur dar, wovon der vorliegende Band Zeugnis ablegt. Der Kaffee prägte nachhaltig das Leben in den Anbauländern und dort, wo er getrunken wird. Seinen Siegeszug in Europa trat der Kaffee im 17. Jahrhundert an. Das schwarze Getränk revolutionierte Tagesabläufe und gesellschaftliche Gewohnheiten. Schon bald drängte die Kaffeetafel die klassischen Einladungen zum Mittag- oder Abendessen zurück. Der Adel und das gehobene Bürgertum traf sich von nun an nachmittags auf ein Täßchen Kaffee. Neue Gebäckstücke wurden kreiert, die man zu dem duftenden Getränk servieren konnte. Die Wiener Kipferl erinnerten mit ihrer Halbmondform an den Sieg über die Türken, das Croissant zum Kaffee ersetzte die Morgensuppe als erste Mahlzeit des Tages.

Auch in unseren Breiten fand der Kaffee sehr rasch Anhänger. Er ist neben dem Tee das warme Getränk, das fast jeder erwachsene Mensch täglich zu sich nimmt. Aber auch da gibt es große Unterschiede: Kaffee ist nicht gleich Kaffee. Wie beim Tee rankt sich um den Kaffee ein Kult, besonders seit der Espresso, der Kennern und Genießern als Kaffee in Vollendung gilt, auch außerhalb Italiens immer stärkere Verbreitung findet. Denn das betörende Kaffeearoma kann sich in einem Espresso ganz besonders vollkommen entfalten. Das zarte Cremehäubchen auf dem Espresso verhindert, daß die Aromen sich verflüchtigen könnten und hält den kostbaren Schluck darüber hinaus noch warm.

Im Espresso sind alle edlen Bestandteile des Kaffees in einer einzigen Tasse vereint. In diesem Bildband ist alles, was zu dieser hohen Form des Genusses gehört, fachkundig und illustrativ dargestellt. Wer bekommt da nicht Lust auf ein Täßchen Kaffee?

Eberhard Spangenberg

DER ANBAU DES KAFFEES

Der Kaffeestrauch gehört zur Familie der Rubiaceae-Pflanzen, genauer zu denen der *Coffea*. Hiervon gibt es Dutzende von Arten, doch nur zwei haben wirtschaftliche Bedeutung: die *Coffea arabica* und die *Coffea canephora*, die in Plantagen angebaut werden. Von diesen zwei gibt es wiederum verschiedene Sorten, die einerseits durch natürliche Entwicklungen und andererseits

durch gezielte Züchtung entstanden sind. Im Jahre 1592 gab Prospero Alpino in seinem Buch *De Plantis Aegypti* eine zusammenfassende Schilderung dieser Pflanzen, während die erste botanische Beschreibung der Kaffeepflanze, genannt *Jasminum arabicanum*, aus dem Jahr 1713 von A. de Jussien stammt. Die heute bekannte Einteilung der *Coffea*-Arten geht hingegen auf die vierziger Jahre zurück und ist vor allem den Experten Chevalier und Lebrun zu verdanken.

Die Kaffeepflanze besteht aus einem oder mehreren Stämmen, aus denen die größeren Äste und aus diesen wiederum die kleineren wachsen: Nur die kleinen Äste können im Falle von Beschädigungen nachwachsen. Eine wild aufwachsende Pflanze kann eine Höhe von 8-10 Metern erreichen, während sie in den Plantagen auf 2-2,5 Metern gehalten wird, um Pflege und Ernte zu erleichtern.

Die Blätter wachsen gepaart einander gegenüber, sind 10-15 cm lang, oval oder lanzenförmig. Sie haben eine intensive, dunkelgrüne Farbe, ihre Oberfläche ist glänzend und fleischig; mit ihrem leicht gewellten Rand ähneln sie einem Lorbeerblatt. Die weißen Blüten wachsen je zwei bis drei in einem Büschel; bei voller Blüte erreichen sie einen Durchmesser von etwa zwei Zentimetern. Sie verblühen in wenigen Tagen, doch

Seite 8: Eine Pflanze der *Coffea arabica* mit ihren vollbeladenen Zweigen. *Zeichnung oben:* Ein kleiner Zweig der Kaffeepflanze. Die Blätter wachsen gepaart einander gegenüber. Die Sternblüten in den Blätterachseln sind weiß und verbreiten einen starken Duft. Die Früchte, Kirschen oder Steinfrüchte genannt, sind zuerst grün, dann werden sie gelb und zuletzt rot. *Unten:* Einige vollausgereifte Früchte. Die aufgeschnittene Frucht zeigt Schale, Fruchtfleisch und die zwei Bohnen. Daneben zwei Bohnen mit ihrer Pergamenthaut, d. h. noch in der weiß-goldenen, dicken Schutzhülle.

während der Blüte verbreiten sie einen intensiven, angenehmen Duft: ein wahres Fest für die Nektar suchenden Insekten. Die Bestäubung ist nur bei der *Coffea canephora* erforderlich, während sich die Blüten der *Coffea arabica* selbst befruchten.

Die Frucht, die aus dem Fruchtknoten der befruchteten Blüte wächst, wird als Steinfrucht oder Kirsche bezeichnet; sie erreicht einen Durchmesser von etwa 15 Millimetern und zeigt bei voller Reife eine intensiv rote Farbe. Die äußere Schicht der Kirsche besteht aus einer festen, glänzenden Schale, Exokarp genannt, die das weiche, süßliche, einige Millimeter dicke Fruchtfleisch (Masokarp) umhüllt. In der Mitte befinden sich die Samen (Endokarp), die von einer festen, weißlichen Schicht umhüllt sind, der schüt-

Zwei einheimische Frauen in einer Plantage. Die hohen Schattenbäume schützen mit ihren dichten Blättern die wertvollen Kaffeesträucher, die auf etwa zweieinhalb Meter gestutzt werden, um ihre Pflege und vor allem die Ernte zu erleichtern.

zenden Pergamenthaut. Unter dieser Pergamenthaut befindet sich eine weitere, sehr dünne und am Samen anliegende Schicht: die Silberhaut. Jede Frucht hat normalerweise zwei Samen; infolge einer schlechten Befruchtung wächst manchmal nur einer, Perle oder *caracolito* genannt. Drei Samen sind seltener. Die Samen oder Bohnen haben eine ovale Form: die eine Seite ist konvex und die andere mit einem tiefen Einschnitt versehen. Die Bohnen sind durchschnittlich etwa zehn Millimeter lang, wiegen 0,15 Gramm, sind grün und weisen graue bis hellblaue, auch rötliche bis bräunliche Schattierungen auf. Von der Kaffeepflanze werden nur die Bohnen verwendet, alles andere ist nicht verwertbar.

Die Sorten Arabica und Robusta

Die zwei Sorten *Coffea arabica* und *Coffea canephora*, die in wirtschaftlicher Hinsicht eine große Bedeutung erreicht haben, werden gewöhnlich als Arabica und Robusta bezeichnet. Weltweit baut man vorwiegend diese beiden Sorten an, seltener die *Coffea liberica* und *Coffea excelsa*. Dreiviertel der Weltproduktion werden von der Arabica bestritten. Obwohl sich die Bohnen dieser zwei Kaffeesorten stark ähneln, sind die Unterschiede zwischen den beiden Pflanzen und deren Samen erheblich, angefangen von den genetischen: die Arabica besitzt 44 Chromosomen und die Robusta nur die Hälfte davon. Auch die Pflanzen unterscheiden sich leicht in Form und Farbe der Blätter und Früchte, vor allem aber in der Höhe der Sträucher, wenn sie nicht gestutzt werden. Die Arabica erreicht 6-8 Meter, die Robusta 8-10.

Wie der Name schon sagt, ist die Robusta etwas widerstandsfähiger als die Arabica, sowohl gegen Parasiten als auch gegen Krankheiten und Hitze; die Robusta-Pflanze kann über mehrere Tage eine Temperatur von über 30 °C ertragen, während die Arabica bei solchen Verhältnissen sehr schnell Schaden erleidet. Beide Arten gehen bei Frost ein. Die Arabica ist auch besonders empfindlich gegen den Parasiten *Hemileia vastatrix*, der vor Jahren die Kaffeeplantagen auf Sri Lanka vollkommen

Links: Die Stadt Antigua in Guatemala. Im Hintergrund El Volcan, ein erloschener Vulkan, auf dessen Hängen Kaffee angebaut wird; in den Nächten bildet sich hier oft dichter Nebel. Bei Sonnenaufgang verdunsten die winzigen Nebeltropfen, kühlen somit die Luft ab, und die Temperatur sinkt unter den Nullpunkt. Die kalte Luft wird gegen den Boden gedrückt: einige Minuten genügen, um die empfindlichen Kaffeepflanzen zu beschädigen; die Blätter sehen dann wie verbrannt aus. *Oben:* Ein teilweise vom Frost beschädigter Strauch.

vernichtete. In diesem Land wurden die ersten Kaffeeplantagen systematisch angebaut, und erst viel später ging man zum Anbau von Tee über. Trotz Einsatz von Pestiziden ist die Bekämpfung der *Hemileia vastatrix* sehr schwierig, vor allem in den niedrigen Höhenlagen. Nur in den Plantagen auf über 900 Meter Höhe kann dieser Parasit erfolgreich bekämpft werden. Dies erklärt, warum die Arabica-Plantagen hauptsächlich auf 900-2000 Meter Höhe angelegt werden, wo allerdings kein Frost vorkommen darf. Die Robusta wächst hingegen in Höhen von 200-300 Metern in etwas wärmeren und feuchteren Gegenden. Die hohen Kosten für den Anbau in höheren Lagen, meist auf steilen Abhängen, die Verwendung von größeren Mengen Pestiziden und die spezielle Behandlung der Arabica sind eine Erklärung für den höheren Marktwert dieser Kaffeesorte. Gegenüber der Robusta ist sie allerdings auch qualitativ besser.

Die offensichtlichsten Unterschiede zwischen den zwei Pflanzen zeigen sich in den Bohnen: die der Arabica sind flacher, länger und haben einen gewundenen Einschnitt; die Farbe ist ein mehr oder weniger intensives Grün, manchmal mit hellblauen Schattierungen. Die Bohne der Robusta ist hingegen konvexer und rundlicher; der Einschnitt ist fast gerade, das Grün ist gewöhnlich heller und hat bräunliche oder graue Schattierungen. Auch nach dem Röstvorgang kann ein kritischer Beobachter den Unterschied zwischen den zwei Arten erkennen. Ein weiterer Unterschied ist der Koffeingehalt: 1,1-1,7 % in der Arabica, 2 bis 4,5 % in der Robusta. Die Chlorogensäure, die ab einem gewissen Wert Verdauungsprobleme hervorrufen kann, ist in der Robusta in größeren Mengen vorhanden. Auch in der Tasse bleibt der Unterschied bestehen: die Arabica ist milder und aromatischer, nicht so bitter und adstringierend.

Fortpflanzung und Einpflanzung

Neue Kaffeepflanzen entstehen entweder durch Aussaat oder durch Stecklinge. Überall verbreitet ist die Aussaat, denn durch Züchtung ermöglicht sie die Kreuzung zwischen verschiedenen Sorten, um die Quali-

Oben: Die *Nursery*, wo die Pflänzchen aus den Samen wachsen. Nach drei bis vier Jahren werden sie die ersten Früchte tragen. *Unten:* Die Bohnen der zwei bekanntesten Kaffeesorten: oben die *Coffea canephora*, runder und mit einem geraderen Einschnitt; unten die *Coffea arabica* mit ihrer länglichen Form und dem geschwungenen Einschnitt. *Rechts:* Nahaufnahme einiger Schützlinge der *Nursery*; die Erde muß fein und reich an organischen Substanzen sein.

tät des Kaffees zu verbessern. Das zweite System garantiert dagegen die perfekte Vermehrung der Mutterpflanze und vermeidet unerwünschte Mutationen. Für die Aussaat muß bereits bei der Ernte auf die richtige Reife der Frucht und auch auf die Auslese der Samen geachtet werden. Diese Auslese wird manuell vorgenommen: zuerst werden die reifsten, gleichmäßigsten Früchte ausgesucht, dann werden sie vorsichtig entkernt, d. h. die zwei Bohnen, noch in ihre Pergamenthaut gehüllt, werden herausgenommen. Dann gibt man die Bohnen ins Wasser: die schwimmenden und »verfärbten« werden aussortiert. Die »guten« Bohnen werden in Abständen von 1-3 cm in Holzkästen, die mit humusreicher Erde gefüllt sind, gelegt und mit einer leichten Schicht Erde bedeckt. Sie wird regelmäßig begossen und mit Blättern zugedeckt. Die Kästen werden in die sogenannte *Nursery* gestellt, wo sie vor direkter Sonnenbestrahlung geschützt sind. Nach einigen Wochen sprießen die Pflänzchen, das erste Blätterpaar kommt zum Vor-

Links: Die kleinen Pflanzen mit einigen Blätterpaaren sind vom Holzkasten in Plastiksäcke umgepflanzt worden; in diesen bleiben sie, bis sechs Blätterpaare gewachsen sind. Aus diesen Säckchen, in denen sie in der *Nursery* gepflegt werden, kommen die Pflanzen direkt in den Boden. *Oben:* Eine neue Plantage in der Ebene von Antigua (Guatemala). Die gerade gesetzten Pflanzen sind etwa ein Jahr alt; der Abstand zwischen den einzelnen Pflanzen wird sehr genau gemessen, denn nach zwei bis drei Jahren werden diese Setzlinge zu Sträuchern herangewachsen sein, die man beschneiden und abernten muß.

schein; auch die Wurzeln sind gewachsen und haben bereits eine Länge von zehn Zentimetern erreicht. Für die Vermehrung durch Setzlinge verwendet man die Zweige von ausgewachsenen Sträuchern. Die Zweige dürfen nicht geknickt werden; am besten eignen sich solche, die weit vom Stamm entfernt sind, da der Zweigdurchmesser nicht zu groß sein soll. Diese Zweige werden in etwa 10 cm kleine Stückchen geschnitten, wobei sich auf jedem Stück ein Blätterpaar befinden muß; dann halbiert man sie wiederum der Länge nach; das Blatt, das auf jedem Stück geblieben ist, wird ein wenig gestutzt. Diese Stecklinge kommen nun in die Kästen mit Humusboden, wobei das Blatt aus dem Boden ragen muß. Auch diese Behälter werden reichlich gegossen und in die *Nursery* gebracht. Nach einigen Wochen wachsen bereits die Wurzeln und kurz danach die ersten Blätter. Von nun an ist der Wachstumsprozeß beider Systeme einheitlich: Bevor die Wurzeln zu groß werden, wird das Pflänzchen vorsichtig aus dem Holzkasten genommen und in einen Plastiksack mit guter Erde gepflanzt. Die Pflänzchen bleiben fast ein Jahr in der *Nursery* in ihren Säcken unter fachkundiger und aufmerksamer Kontrolle. Sobald das sechste Blätterpaar gewachsen ist und bevor sich die Zweige bilden, werden die Pflanzen endgültig in den Boden gesetzt, der vorher von Steinen befreit und gut gedüngt wurde. Jede Pflanze kommt mit der Erde aus dem Sack in den Boden, wird mit großen Blättern vor der Sonne geschützt und reichlich begossen. Nach drei bis vier Jahren bringt der Strauch eine gute Ernte, aber erst nach zehn Jahren erreicht er seinen maximalen Ernteertrag. Hat man aus dem Hauptstamm keine weiteren Stämme wachsen lassen, wird die Fruchtbarkeit des Kaffeestrauches nach zwanzig Jahren langsam nachlassen.

Die Ernte

Die Kaffeepflanze wächst in Gebieten, in denen die Jahreszeiten immer gleichbleibend sind, wo stets Frühjahrs- oder Sommertemperaturen vorherrschen, die Sträucher immer grün sind und ständig Früchte tragen; denn die Blütezeit der Kaffeepflanze hängt nicht – wie es in unseren Breitengraden der Fall ist – von der im Frühling ansteigenden Temperatur ab, sondern nur von der Häufigkeit der Niederschläge, denn zwei Wochen nach jedem Regenfall blüht der Strauch auf. Wenn es in einem Jahr zehnmal regnet, wird der Strauch auch zehnmal blühen; regnet es nur zweimal, blüht er nur zweimal. Temperatur und Regenfälle sind für die Kaffeeplantagen sehr wichtig; demzufolge muß man sich nicht

Rechts: Eine Plantage in der Antigua-Ebene. Aus diesem Gebiet kommen die besten »gewaschenen« Kaffeebohnen der Arabica. Wegen der Wärmeströmungen, die sich auf den dunklen Vulkanhängen bilden, weht in Antigua immer der Wind; um die Kaffeepflanzen vor diesen Winden zu schützen, läßt man sogenannte »Schattenbäume« wachsen. Diese halten die Sonnenstrahlen ab, schützen gegen Wind und Frost, und ihre Wurzeln befestigen den Boden.

wundern, wenn einige Wochen unvorhergesehener Trockenheit in Brasilien die Preise auf den Weltmärkten sofort nach oben schnellen lassen. In einigen Ländern, wie auch in Brasilien, wo der Monsunregen fällt, konzentrieren sich die Niederschläge auf bestimmte Monate, wogegen es in anderen Gegenden sehr unregelmäßig regnet. Die Häufigkeit der Niederschläge wirkt sich nicht zuletzt auch auf die Erntemethoden aus. Die Frucht der Robusta reift in 9-11 Monaten heran, die der Arabica in 6-8 Monaten. Wenn die Niederschläge über das ganze Jahr verteilt sind, hängen auf einem Strauch sowohl Blüten wie Früchte in den verschiedenen Reifephasen. Es sind also so viele Ernten notwendig, wie es Blütezeiten, d. h. Regenfälle gegeben hat; diese beeinflussen nicht nur die gesamte Ernte, sondern auch die Gleichförmigkeit der Reifung, was sich wiederum auf die Arbeit der Plantagenbetreiber auswirkt, die das günstigste Erntesystem entwickeln müssen. Nach der Blüte, die nur wenige Tage dauert, entwickelt sich aus dem Fruchtknoten sehr schnell eine anfangs grünfarbene Frucht; nach 6-12 Wochen Reifung hat die Kirsche ihre endgültige Größe erreicht. In den letzten Wochen ändert sich die Farbe der Früchte, zuerst werden sie gelb und dann leuchtendrot. Nur bei einigen Sorten, wie z. B. der Bourbonsorte, sind die reifen Kaffeekirschen gelb. Wenn man sie nicht rechtzeitig pflückt, werden sie zuerst granatrot und dann bräunlich, das Fruchtfleisch und die Schale trocknen ein, die Früchte werden hart und fallen schließlich ab. In Zeiten, in denen die Kaffeepreise sehr niedrig sind, werden nur die trockenen, auf dem Boden liegenden Früchte geerntet. Die sorgfältigere und deshalb teurere Ernte erfolgt nach dem sogenannten *Picking-System*: in Abständen von mehreren Wochen werden die reifen, dunkelroten Früchte einzeln gepflückt und die unreifen auf dem Strauch gelassen. Dieses System wird in erster Linie bei Pflanzungen der Sorte Arabica ange-

Oben: Eine Nahaufnahme der Pflänzchen, die frisch aus dem reichen Boden der *Nursery* wachsen; die Bohnen, die die erste Nahrung der Pflanzen darstellen, hängen noch am kleinen Stiel. Nach einigen Wochen bilden sich die Wurzeln, und die Schalenreste fallen ab. *Rechts:* Auf diesem Zweig sind alle Reifephasen der Kaffeefrucht zu sehen: von der Blüte bis zur reifen Kirsche. In tropischen Gebieten gibt es keine großen klimatischen Veränderungen im Laufe der Monate, und so sind die Pflanzen auf den Regen »programmiert«, denn etwa vierzehn Tage nach jedem Niederschlag erfolgt eine neue Blüte.

Oben: Sechs Phasen der Blütezeit, die nur wenige Tage dauert. Die Knospe öffnet sich allmählich, und nach der Befruchtung fällt die Blüte ab. Ihr sehr starker Duft zieht die Insekten an, die für die Befruchtung notwendig sind; nur die Sorte *Coffea arabica* befruchtet sich selbst. Ein Spaziergang durch eine Plantage während der Blütezeit (*rechts* eine Plantage in Kenia) ist ein wahres Erlebnis; man könnte glauben, es hätte geschneit, der Farbkontrast ist eine Augenweide, und der starke Duft wirkt beinahe berauschend.

wandt, wo man auf die Erntequalität großen Wert legt. Eine andere, sehr verbreitete Methode ist das *Stripping*. Man wendet es in den Ländern an, wo sich die Niederschläge auf eine oder mehrere Perioden konzentrieren. Bei dieser Erntemethode wartet man ab, bis die meisten Früchte reif sind, und streift sie dann, vom Zweigansatz nach außen, von den Zweigen ab. Man geht dabei vom Zweigansatz aus und streift mit den Händen die Früchte ab und läßt sie auf den Boden fallen oder fängt sie in Körben auf. Diese Erntemethode ist sehr verbreitet; sie begünstigt allerdings den Befall durch in der Erde befindliche Bakterien, Mikroben und Pilze; häufig wird dadurch ein Gärungspro-

Auf den vorhergehenden Seiten: Die lieblichen Hügel im brasilianischen Poços de Caldas-Gebiet, berühmt für den Santoskaffee. *Oben:* Männer und Frauen beim *Picking*. Auch in Guatemala *(rechts)* wird diese Erntetechnik angewandt; die Aufnahmen zeigen die Reihenfolge der Ernte: die Früchte werden einzeln gepflückt und in den Korb gegeben. Die weniger reifen Früchte bleiben am Strauch, bis sie voll herangereift sind. Mit dem *Picking-System*, das vor allem für die »gewaschenen« Kaffeesorten wichtig ist, werden nur die reifen Kirschen gepflückt, so daß mehrmals geerntet werden muß.

zeß ausgelöst, oder es werden Krankheiten hervorgerufen, die die Bohnen beschädigen. In vielen Ländern, insbesondere in Brasilien, hat man oft versucht, die Ernte zu mechanisieren. Es werden Maschinen mit zwei senkrecht angebrachten Bürsten eingesetzt, durch deren Gegendrehungen die Früchte, aber auch ein Großteil der Blätter abgerissen werden. Diese Maschinen werden zur Zeit nur in wenigen Plantagen in der Ebene benutzt; ihrer Verbreitung sind Grenzen gesetzt, denn die Schäden an den Kaffeepflanzen sind oft erheblich. Nur die *Picking-Methode* garantiert eine gleichmäßige Reifung der Früchte; mit der *Stripping-Methode* oder den Maschinen werden reife, unreife und überreife Früchte gleichzeitig geerntet, was zwei Probleme mit sich bringt. Zum einen ist der Anteil an nicht vollständig ausgereiften oder überreifen Früchten unterschiedlich groß.

Unterschiedliche Kaffeepartien, auch wenn diese von naheliegenden Gebieten und Pflanzen derselben Art abstammen, werden durch verdorbene Bohnen im Endgeschmack stark beeinträchtigt. Zum anderen beginnen mit großer Wahrscheinlichkeit unter den überreifen Früchten einige bereits zu gären. Eine nicht ausgereifte Frucht hat »nur« einen bitteren, adstringierenden und weitaus weniger aromatischen Geschmack; eine gärende hingegen kann sehr

Oben: Die Ernte nach der *Stripping-Methode*; diese wird vor allem in Brasilien angewandt. Dabei geht man vom Zweigansatz aus und streift mit den Händen die Früchte ab. Diese werden dann in einem Sieb von den Blättern getrennt *(rechtes Bild)*. Die *Stripping-Methode* findet man nur in den Ländern, in denen die Blütezeiten dank der Klimaverhältnisse nah aufeinander folgen. Bei dieser Methode werden unterschiedlich reife Früchte geerntet, die nach den Verarbeitungsphasen ausgelesen werden müssen.

Oben: Kenia: Die Säcke werden von der Plantage zur Verarbeitung gebracht. Jedes Mittel ist dafür gut, denn die Beförderung muß schnell erfolgen, um eine Gärung des Fruchtfleisches zu verhindern und somit die Qualität des Kaffees zu wahren. Vor der Verarbeitung werden die Früchte ein letztes Mal verlesen. Alle Einheimischen helfen mit *(rechts)*.

KIMBO

unangenehm riechen: sie wird als *Stinker* bezeichnet und kann eine große Menge Bohnen verderben.
In den letzten zehn Jahren sind jedoch elektronische Auslesemaschinen entwickelt worden, die schlechte Früchte aus »eiligen« *Stripping-Ernten* größtenteils aussortieren können.

Die Bedeutung des Klimas
Ideale Wachstumsbedingungen für Kaffeepflanzen findet man in drei großen Gebieten der Tropen: Mittel- und Südamerika, Zentralafrika, Indien, Indonesien und Papua-Neuguinea. Unabhängig von der Sorte, sei es Arabica oder Robusta, müssen die Pflanzen vor Frost geschützt werden; er ist ihr größter Feind und kommt, je nach Breitengrad, in verschiedenen Höhenlagen vor. Während er am Äquator nicht unter 2500 Meter Höhe auftaucht, kann er sich in den Tropen auch bei 100-200 Metern bilden. In den Äquatorgebieten findet man also Kaffeeplantagen auch über 2000 Metern, in den Tropen hingegen in tieferen Lagen bis auf Meereshöhe. Zwei Faktoren müssen bei der Wahl der anzubauenden Kaffeesorte berücksichtigt werden: Höhenlage und Temperatur. Die Arabica-Plantagen gedeihen am besten in Höhen über 900 Metern und bei Durchschnittstemperaturen von 20-25 °C, die der Robusta auch in niedrigeren Lagen und bei höheren Temperaturen, und zwar zwischen 24 °C und 26 °C. Die Mindesttemperatur für beide Sorten darf allerdings nicht unter 15 °C sinken und die Höchsttemperatur 30 °C nicht übersteigen. Auch die Niederschläge sind lebenswichtig für diese Pflanzen und müßten bei 1500-2000 Millimeter pro qm jährlich liegen; wenn sie

In Kenia befinden sich die Plantagen in über zweitausend Meter Höhe; hier sind die Hänge sehr steil und die Regenfälle meist kurz und stark. Dies verursacht eine Bodenerosion, der durch Nachtragen und Befestigung des Bodens durch das Einpflanzen von Schattenbäumen entgegengewirkt wird. Dieses Problem besteht in allen Ländern, wo die Sorte Arabica in hohen Lagen angebaut wird.

unter 1000 Millimeter sinken, ist der Erfolg des Anbaus in Frage gestellt. Ideal ist ein Mittelwert; das ist wichtig, weil dadurch der Wasserverlust durch Verdunstung eingeschränkt wird. Auch auf die Sonneneinstrahlung muß geachtet werden, denn die Pflanzen ertragen starke Sonne nur einige Stunden am Tag. Die Sonneneinstrahlung läßt sich dosieren, indem man für die Plantagen günstig gelegene Hänge aussucht oder sogenannte »Schattenbäume« pflanzt: Es handelt sich hierbei um hohe Bäume mit einer sehr breiten Krone, die zwischen die Kaffeesträucher gepflanzt werden und sie vor den starken Sonnenstrahlen schützen. Die Schattenbäume schützen die Kaffeepflanzen auch vor Frostschäden, die durch den nächtlichen Rauhreif verursacht werden können. Dieser natürliche Schutz wird nicht häufig angewandt, denn aufgrund der

verminderten Sonneneinstrahlung fällt die Ernte dann nicht so reich aus. Plantagen sind auch empfindlich gegen Wind, denn die Zweige der Kaffeesträucher sind nicht besonders kräftig, und zu starke Winde können sie ernsthaft beschädigen. Zusätzlich zu den klimatischen Bedingungen muß auch auf die Beschaffenheit des Bodens geachtet werden. Die Wurzeln der Kaffeepflanze dringen bis etwa eineinhalb Meter in den Erdboden ein; dieser muß fruchtbar, tief und möglichst leicht säurehaltig sein (pH-Wert zwischen 5 und 6); Phosphor, Kalium, Kalzium und Magnesium sollten zu mehr oder weniger gleichen Anteilen vorhanden sein und eine gute Be- und Entwässerung gewährleisten. Sollten nicht alle diese Voraussetzungen gegeben sein, müssen chemische oder organische Düngemittel eingesetzt werden. Gute Erträge einer Plantage sind vor

Der Frost ist der schlimmste Feind der Kaffeepflanze; nur wenige Stunden bei Temperaturen unter Null Grad können sie stark beschädigen, ein anhaltender Frost verursacht das Abfallen der Blätter und letztlich das Eingehen der Pflanzen. Die Schattenbäume *(oben rechts)* sind ein Schutz gegen Frosteinbrüche. Das Bild *oben links* wurde in Guatemala aufgenommen, wenige Meter vom anderen entfernt: die eingegangenen Schattenbäume konnten den Frost nicht abhalten, der sich in den ersten Morgenstunden beim Verdunsten des Nebels bildet. Auch die Schattenbäume müssen gepflegt werden, damit sie ihre Aufgabe erfüllen.

CLIMA DA
REGIÃO DE ORIGEM DO CAFÉ ARÁBICA

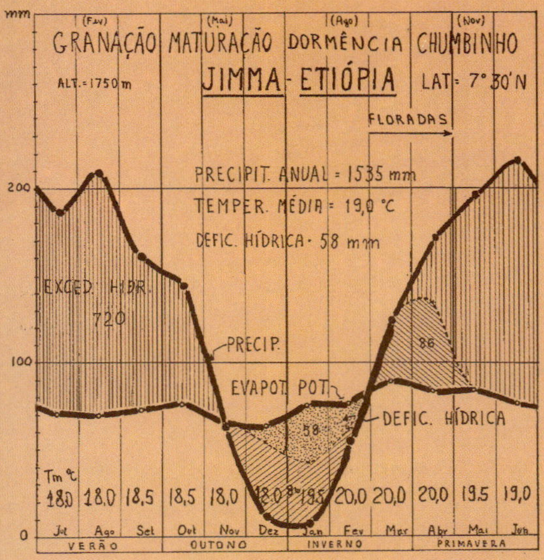

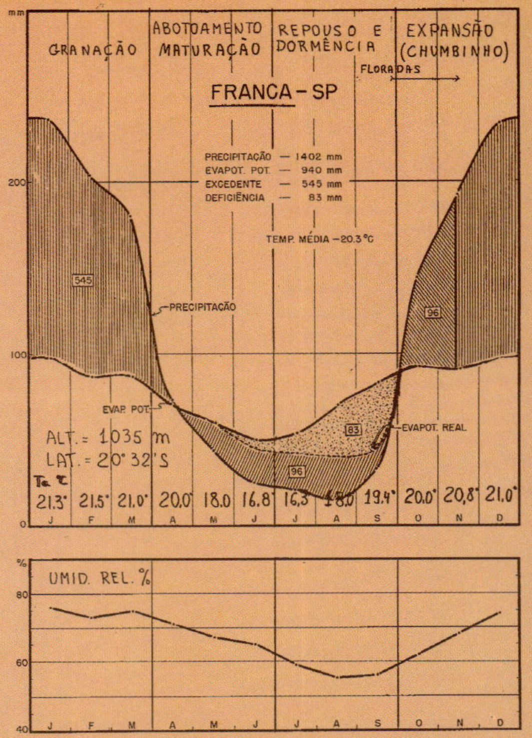

BALANÇO HÍDRICO CLIMÁTICO PELO MÉTODO DE "THORNTHWAITE & MATHER - 1955 - 125mm" E MÉDIAS MENSAIS DA UMIDADE RELATIVA DO AR, PARA FRANCA - SP.

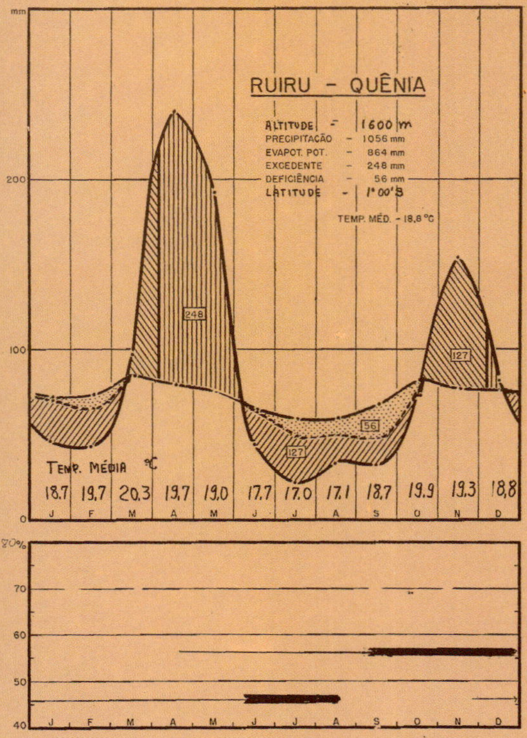

BALANÇO HÍDRICO CLIMÁTICO PELO MÉTODO DE "THORNTHWAITE & MATHER - 1955 - 125mm" E MÉDIAS MENSAIS DA UMIDADE RELATIVA DO AR, PARA RUIRU - QUÊNIA.

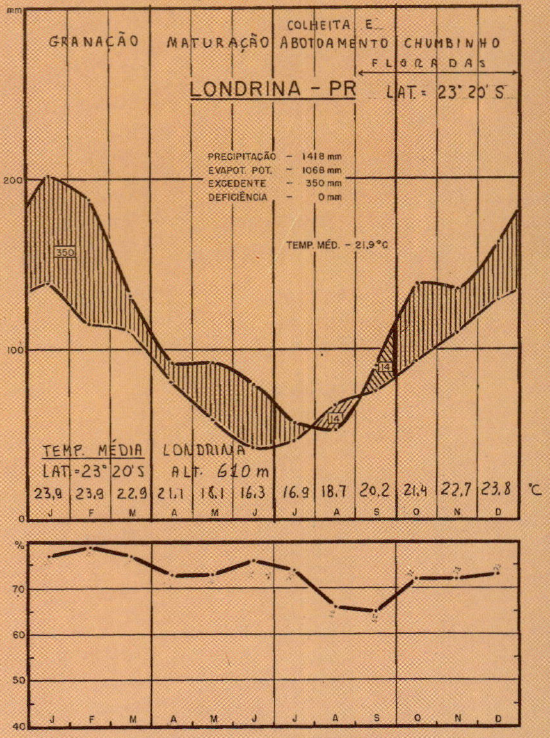

BALANÇO HÍDRICO CLIMÁTICO PELO MÉTODO DE "THORNTHWAITE & MATHER - 1955 - 125mm" E MÉDIAS MENSAIS DA UMIDADE RELATIVA DO AR, PARA LONDRINA - PR.

allem auf die klimatischen Bedingungen und die Bodenbeschaffenheit zurückzuführen, denn es stehen nur geringe Mittel zur Verfügung, um die natürlichen Gegebenheiten zu verbessern.

Die Kaffeeparadiese

Kaffee ist ein Naturprodukt, und sein Anbau beeinflußt die Sitten und Bräuche des Erzeugerlandes und wird seinerseits wiederum von diesen beeinflußt. Der Kaffeeanbau ist kein einzigartiges, einheitliches und universelles Ereignis: In jedem Land, in dem der Anbau betrieben wird, beeinflußt der Kaffee auf unterschiedliche Art und Weise das wirtschaftliche und gesellschaftliche Leben; es bestehen Unterschiede in der Qualität und in der Bevorzugung gewisser Sorten, in den Anbaugebieten, in der Art des Anbaus, der Ernte und der Verarbeitung. Am Beispiel von drei der wichtigsten Anbauländer der Arabica-Sorte soll kurz dargelegt werden, wie jedes Gebiet mit dem Kaffee »lebt«.

Brasilien

Der größte südamerikanische Staat ist auch der erste Kaffeelieferant auf dem Weltmarkt, denn er produziert jährlich 20-30 Millionen Säcke (rund 1,4-2 Mio. Tonnen), beinahe ein Drittel der Gesamtproduktion.

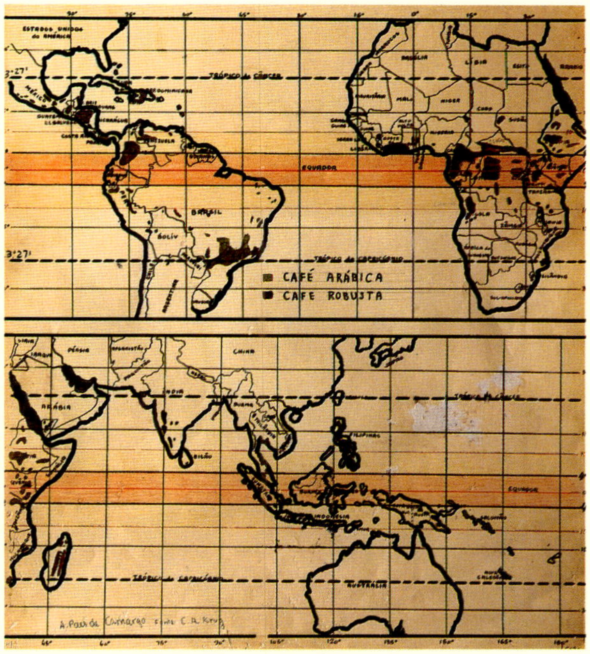

Der Kaffeeanbau hat eine erhebliche Bedeutung für die brasilianische Wirtschaft, denn er stellt ungefähr 10 Prozent des Bruttosozialprodukts und 20 Prozent des Exports dar. Fünf Millionen Menschen sind in den 230 000 *Fazendas* beschäftigt, die sich über zwei Millionen Hektar Land in Höhenlagen zwischen 200 und 1000 Meter ausdehnen. Es gibt hier mehr als drei Milliarden Arabica-Pflanzen. Die verbreitetsten Kaffeesorten sind: Bourbon, Typica, Mundo Novo, Catuai und Maragogype. Die Robusta-Erzeugung wird Conillon genannt. Die Brasilianer sind

Links: Eine graphische Darstellung von Durchschnittstemperaturen und Niederschlägen in vier Anbaugebieten. Es gibt Zeiten, in denen Wassermangel herrscht; dies wirkt sich negativ auf die Blüte und bei längerem Andauern auch auf die Pflanze aus. *Oben:* Die tropischen Hauptanbaugebiete. Der Arabica-Kaffee wird in über 900 Metern Höhe angebaut, während die widerstandsfähigere Robusta-Sorte auch auf Meereshöhe gedeiht. Das ideale Klima für beide Sorten liegt bei Durchschnittstemperaturen zwischen 20 °C und 25 °C und Niederschlägen zwischen 1500 und 2000 Millimetern.

FAZENDA
CIGANA,
PROPIETARIO
GERALDO GARCIA
FONES
035

nicht nur große Kaffeehersteller, sondern auch gute Verbraucher: Sie selbst trinken den berühmten *cafesiño*; der jährliche Verbrauch pro Person erreicht dabei 3,5 Kilogramm.

In Übereinstimmung mit ihrer fatalistischen Lebensauffassung versuchen die Pflanzer nur selten, die von der Natur vorgegebenen Anbauverhältnisse zu optimieren. Lange Jahre hindurch wurden zum Beispiel die Pflänzchen nicht in den *Nurseries* groß gezogen, sondern die Samen direkt in den Boden gesteckt. Von den vier Bohnen, die eingesetzt wurden, sprossen ein oder zwei, doch der Erfolg dieser Aussaat war meist dem Zufall überlassen.

Heute haben sich die *Nurseries* durchgesetzt, Schattenbäume werden jedoch nur in den nördlicheren Plantagen gepflanzt, während sie auch in südlichen Gebieten ein Schutz gegen die oft vorkommenden Frosteinbrüche sein könnten. Auch Bewässerungsanlagen sind kaum verbreitet, und somit hängt die Ernte stark von der Regelmäßigkeit der Niederschläge ab. Die neuen Pflanzen werden nach sechs Jahren beschnitten: der Stamm wird bis zu einem Meter abgesägt und die überflüssigen Äste beseitigt. Dieser Vorgang wird alle drei Jahre wiederholt. Da sich die Blütezeit auf die Monate von August bis November konzentriert, kann man die Ernte von Mai bis August nach der billigeren und schnelleren *Stripping-Methode* durchführen. Die von den Zweigen gestreiften Kirschen läßt man zu Boden fallen; erst später werden sie aufgelesen. Zur Verarbeitung wird das kostengünstigere Trockenverfahren angewandt.

Man muß sich nicht wundern, wenn die brasilianische Produktion im Laufe der Jahre großen quantitativen (von 14 bis 40 Millionen Säcke) und qualitativen Schwankungen unterliegt. Trotzdem sind die besten brasilianischen Kaffeesorten – der Santos aus den Mogiana-Hügeln und der Bahia Lavato (nasse Verarbeitung) aus der gleichnamigen

Auf den vorhergehenden Seiten: Eine Kaffeeplantage auf den Hügeln von Minas Gerais in Brasilien. *Links:* Der Eingang einer brasilianischen *Fazenda* bei Poços de Caldas, in der das »grüne Gold« angebaut wird. *Oben:* Die Rodung des Urwaldes ist die erste Phase zur Errichtung einer Plantage. Die gefällten Bäume werden verbrannt. Eine Lösung, die Kaffeeanbauer und Umweltschützer gleichermaßen zufriedenstellt, läßt noch auf sich warten.

Gegend – unvergleichbar gut in Geschmack, Stärke und Aroma: sie eignen sich außerdem vorzüglich für Espressomischungen.

Guatemala

Während Brasilien sowohl für Qualität als auch Quantität des Kaffeeanbaus bekannt ist, kann Guatemala vor allem seine exzellente Qualität rühmen. Die durchschnittliche Produktion erreicht nur 2,5 Millionen Säcke von den Sorten Bourbon, Typica und Maragogype, doch der Kaffee-Export macht ein Drittel der Gesamtausfuhr des Landes aus, und dieser Wirtschaftszweig beschäftigt beinahe ein Drittel der Bevölkerung. Die 64 000 Plantagen erstrecken sich über 240 000 Hektar und befinden sich auf mittleren bis stark abfallenden Hängen in höheren Lagen, die zum Teil die 2000 Meter übersteigen. Beinahe alle Plantagen sind von Schattenbäumen geschützt, die die richtige Sonneneinstrahlung sichern und den Frost fernhalten. Hier gibt es mehrere *Nurseries*, in denen die besten Samen verlesen und die jungen Setzlinge im ersten Jahr gepflegt werden. Die Sträucher werden nach einer speziellen Technik gestutzt, damit aus einem Baumstumpf mehrere Stämme wachsen können. Dies garantiert einen hohen Ertrag und beste Qualität über mehrere Jahre hin. Auf Bewässerungsanlagen kann aufgrund der reichlichen Niederschläge zwischen Januar und März verzichtet werden. Die Ernte findet von September bis April nach der *Picking-Methode* statt; auf diese Weise können alle Kaffeekirschen gleichförmig reifen. Die am stärksten verbreitete, aber auch schwierigste und kostenintensivste Verarbeitung der Früchte ist die sogenannte nasse Aufbereitung; nur die größeren *haciendas* besitzen die dafür notwendigen Maschinen und Anlagen. Die kleineren *fincas* liefern die Ernte an die *beneficiamento*-Zentren, die überall zu finden sind und die nötigen Einrichtungen zur Verarbeitung besitzen. Die Sorgfalt bei der Kaffeeverarbeitung in Guatemala ist bewundernswert: Man läßt die Bohnen bis kurz vor dem Versand in

Oben: In einer brasilianischen Plantage: Nach der Ernte und dem Trocknen in der Sonne werden die Kaffeekirschen verladen und in ein Verarbeitungszentrum für das sogenannte *beneficiamento* gebracht, d. h. zum Entfleischen der trockenen Kirschen. *Rechts oben:* In einer Plantage werden am Morgen die Arbeitsgeräte ausgeladen. *Rechts unten:* Auf dieselben Fahrzeuge werden abends die geernteten Früchte verladen.

MO
PIRAJUÍ S.P

ihrer Pergamenthaut; erst dann wird diese zähe, dicke Schutzhülle entfernt. Das Ergebnis all dieser Mühen ist die Sorte Guatemala SHB (*Strictly Hard Bean:* sehr harte Bohne), die aus den Gebieten von Coban, Antigua und Atitlan kommt. Dieser Kaffee ist sehr mild, kaum bitter, mit mittlerem Säuregehalt und gehaltvoll; sein Aroma ist sehr ausgeprägt, seine Nuancen reichen von schokoladeartig bis blumig. Diese Sorte ist die ideale Ergänzung für die Espressomischungen und einer der beliebtesten für den Filterkaffee.

Kenia

Kenia, die afrikanische Schweiz, wie dieses Land oft bezeichnet wird, ist ebenfalls berühmt für seine Kaffeequalität (die Herstellung beschränkt sich auf 1,5 Millionen Säcke pro Jahr). Das milde und beständige Klima ist ideal sowohl für die Menschen wie für den Anbau der Arabica, die in den Sorten Bourbon und Kent bei 1500-2100 Metern ü. d. M. und in Höhen gedeihen, in denen es keinen Frost gibt. Die erforderliche Feuchtigkeit des Bodens wird in vielen Plantagen durch Bewässerungsanlagen gesichert; die Schattenbäume, meist Bananen, schützen die Sträucher vor der starken Sonne. Es gibt etwa 300 000 Plantagen, die in 150 Genossenschaften zusammengeschlossen sind; in Kenia gibt es keinen Privatbesitz. Der Staat tritt meist als Koordinator und Unterstützer der Kaffeeanbauer auf, seltener übernimmt er eine Kontrollfunktion. Deshalb wurden auch staatliche Forschungszentren für Züchtung und Pflanzenschutz gegründet, die den Genossenschaften ständige Betreuung bieten. Auch in Kenia werden die Bäume so gestutzt, daß mehrere Stämme aus einem Stumpf wachsen können; deshalb kann man in Kenia ertragsfähige Kaffeesträucher finden, die im ersten Jahrzehnt des 20. Jahrhunderts gepflanzt worden sind. Es gibt hier zwei Hauptblüteperioden: Oktober-November und März-

Links: Guatemaltekische Kinder zwischen üppig wachsenden Kaffeesträuchern. Die Zweige brechen beinahe unter dem Gewicht der Kirschen; sobald diese reif sind, werden auch diese Kinder bei der Ernte helfen. *Oben:* Der Kaffee wird in kleinen Mengen in die Verarbeitungszentren gebracht; nur die größeren *haciendas* in Guatemala besitzen die teuren Anlagen zur Aufbereitung der Bohnen.

Mai, auch wenn das ganze Jahr über kürzere Blütezeiten möglich sind. Die Ernte erfolgt wöchentlich nach dem *Picking-System*, obwohl ein Großteil der Ernte – etwa 80 % – in den Monaten Juni bis September und vor allem von Oktober bis Januar eingeholt wird. Vorwiegend wird in den Plantagen nach der nassen Aufbereitung gearbeitet. Die noch mit der Pergamenthaut versehenen Bohnen werden in die Verarbeitungszentren der Hauptstadt Nairobi gebracht, wo sie geschält, gesäubert und in Säcke verladen werden. Der Rohkaffee wird vom Staat angekauft und bei Versteigerungen an die zugelassenen Exporteure (einige Dutzend) weiterverkauft. Die Hersteller werden im Verhältnis zu den Preisen bezahlt, die bei den Versteigerungen erzielt werden; dies ist ein starker Anreiz für eine qualitativ hochwertige Produktion. Aus diesem Grunde sind die Preise des Kaffees aus Kenia auf dem internationalen Markt erheblich höher als der Durchschnitt. Die beste Qualität sind die mit AA ausgezeichneten Bohnen (AA bedeutet, daß die Bohnen übergroß sind). Der Kaffee ist nicht so bitter, sehr mild, säure- und gehaltreich; das Bouquet ist stark, blumig und beinahe fruchtig; es erinnert manchmal an den Duft von geröstetem Brot. Der Kenia-Kaffee wird vor allem für die Filterkaffeemischungen verwendet; bei den Espressomischungen verleiht auch eine nur geringe Menge dieser Sorte dem Kaffee ein ganz besonderes Aroma. Aufgrund des hohen Säuregehalts kann man diese Sorte nur in kleineren Mengen verwenden. Im Gegensatz zu den Brasilianern und Guatemalteken trinken die Kenianer vorwiegend Tee. Ihr Kaffeeverbrauch pro Person und Jahr erreicht nicht einmal 200 Gramm, so daß praktisch die gesamte Produktion exportiert wird (etwa ein Drittel des Gesamtexports).

Auf den vorhergehenden Seiten: Der Markt in Antigua, Guatemala, in dem eine Vielfalt von Waren, vor allem Obst und Gemüse, angeboten wird. *Rechts:* Eine Kaffeeplantage in Kenia: In der Mitte die Farm, in der die erste Verarbeitung der gepflückten Früchte stattfinden wird: Schälung, Gärung, Waschung und Trocknen der Bohnen unmittelbar nach der Ernte.

DIE VERARBEITUNG DES KAFFEES

Von der Kaffeefrucht sind nur die Samen genießbar. Aus diesen Bohnen wird das gleichnamige wohlschmeckende Getränk zubereitet; die übrigen Bestandteile der Kaffeekirsche werden entfernt und als Düngemittel verwendet.
Die einfachste Methode dieser Trennung ist die natürliche, das heißt, die reife Kirsche wird so lange auf dem Strauch gelassen, bis sie nach einigen Wochen eingetrocknet ist und von selbst herunterfällt. Daraufhin werden die verschiedenen Schichten – auch die Pergamenthaut – entfernt und die Bohnen herausgenommen. Diese Methode wurde sicherlich von den Arabern angewandt und danach von den Holländern übernommen, die sie OIB (*Oost Indische Bereiding*, d. h. ostindische Verarbeitung) nannten; vom Auflesen heruntergefallener Früchte gingen sie dann zum Pflücken über. In den Ländern, in denen während der Ernte ein trockenes Klima vorherrscht, wird die Kaffeefrucht auch heute noch mit der Hand gepflückt. Das Trocknen der Kirschen dauert etwa 20 Tage; in dieser Zeit werden die Früchte im Freien ausgebreitet, wobei es weder regnen noch feucht sein darf. Da diese Voraussetzungen in den ostindischen Gebieten allerdings nicht gegeben sind, entwickelten die Holländer wohl bereits im Jahre 1740 die neue Methode WIB (*West Indische Bereiding*, d. h. westindische Verarbeitung), wonach die Kaffeekirschen nach der Ernte entkernt werden, um somit das Trocknen zu beschleunigen. Diese Methode wird heutzutage noch auf Java angewandt, wo der naß aufbereitete Kaffee noch die Bezeichnung WIB trägt. Auf den vom Fruchtfleisch befreiten Samen verblieb jedoch eine Schleimschicht, die sich auch im Wasser nicht auflöste und die Bohnen in kurzer Zeit verfaulen ließ; deshalb mußte sie vor dem Trocknen entfernt werden. Die Holländer entdeckten, daß nach einer leichten und bei den aufgehäuften Bohnen spontan auftretenden Gärung diese Schicht problemlos entfernt werden konnte. Auch diese Methode der »nassen Aufbereitung« wird heute noch angewandt; das natürliche Verfahren wird hingegen als »trockene Aufbereitung« bezeichnet. Mit der ersten Methode entsteht der »gewaschene« Kaffee, mit der zweiten der »natürliche«. Andere Verfahren gelangen nicht zur Anwendung.

Die nasse Aufbereitung

Voraussetzung für diese Aufbereitungsart ist das Pflücken der Früchte *(Picking-Methode)*, denn die Kirschen müssen den richtigen Reifegrad erreicht haben, damit sie leicht entkernt werden können. Die Kaffeefrüchte müssen außerdem ungefähr

Seite 48: Arbeitende Frauen zwischen Kaffeesäcken. In den meisten Produktionsländern werden überwiegend Frauen und Kinder für diese Arbeit eingeteilt. *Rechts:* Die gesammelten Kirschen werden vor der nassen Aufbereitung von Hand verlesen. Die unreifen Früchte müssen entfernt werden, denn sie erschweren die Verarbeitung und beeinträchtigen die Qualität.

Links: In Kenia werden die Kirschen unsortiert zu den Sammelstellen gebracht und mit Schaufeln entladen. *Oben:* Guatemala: Die Säcke kommen in ein Aufbereitungszentrum, wo sie in Wannen geleert werden, die das Rohgut den Entkernungsmaschinen *(oben)* zuführen; hier beginnt die aufwendige nasse Aufbereitung, die eine gleichmäßige Qualität gewährleistet.

gleich groß sein, denn zu kleine Kirschen werden von den Verarbeitungsmaschinen nicht erfaßt. Auch müssen Steine und andere Fremdkörper entfernt werden, denn sie könnten die Maschinen beschädigen. Nach der sehr sorgfältigen Ernte werden die Früchte nochmals gewogen und aussortiert und die unreifen oder schlechten Kirschen entfernt. Manchmal werden sie gewaschen und im Wasser verlesen; dabei lassen sich die schlechten Früchte, aber auch Steine, Blätter und Holzstücke leicht entfernen. (Die aussortierten Kirschen werden zu Kaffee niedrigerer Qualität verarbeitet; in Kenia werden die Früchte nach dem Trokkenverfahren z. B. aufbereitet und die so behandelten Bohnen *Mbuni* genannt).

Nun werden die Kirschen mit speziellen Maschinen entkernt, die mit Trommeln oder Scheiben ausgerüstet sind. Bei beiden Maschinentypen wird die Kirsche zwischen dem rotierenden Teil der Maschine (Trommel oder Scheibe) und einem festsitzenden Messer zerdrückt, bis die Schale bricht und die zwei Samen mit ihrer Pergament- und Schleimschicht zum Vorschein kommen; die Maschine trennt auch die Samen vom Fruchtfleisch. Der Abstand zwischen Messer und rotierenden Teilen wird je nach Größe der Kirschen geregelt: Sollte er zu groß sein, werden die Kirschen nicht entkernt, und umgekehrt besteht die Gefahr, daß die Pergamenthaut zerrissen und somit die Bohne beschädigt wird. Die Auslese nach Bohnengröße ist ein sehr heikler Vorgang und muß öfters vorgenommen werden; es ist sehr wichtig, daß die zu verarbeitenden Früchte gleichmäßig groß sind. Nach dem Auspellen müssen die Bohnen sortiert und gewaschen werden: Mit Rüttelblechen trennt man die Schalen- und Fruchtfleischreste von den Bohnen. Diese werden entweder unter fließendem Wasser, in einem Waschkanalsystem, oder in großen Wannen gewaschen, wo sie mehrmals umgerührt werden. Die noch mit der Pergamenthaut versehenen Bohnen müssen getrocknet werden, doch vorher wird die etwa 0,5-2 Millimeter starke Schleimschicht entfernt. Diese Haut löst sich nicht im Wasser, muß aber entfernt werden, denn sonst könnten die Bohnen faulen oder beim Trocknen aneinanderkleben. Nur während der Gärung wird diese Schleimschicht gelöst, und übrig bleibt eine glatte, saubere Pergamenthaut. Die Bohnen werden dazu in zirka ein Meter tiefe Zementwannen geschüttet. Der Gärungsprozeß wird durch die natürliche Feuchtigkeit der Schleimschicht oder die Zugabe von Wasser in Gang gesetzt. Die Gärung erfolgt spontan, doch oft wird sie durch Zugabe von speziellen Enzymen oder einfach von Wasser

Auf den vorhergehenden Seiten: Eine Plantage in Kenia in voller Blüte. Die Blütezeit in diesem Land findet in den Monaten Oktober und November und März bis Mai statt. *Rechts:* Die vor der nassen Aufbereitung aussortierten unreifen oder beschädigten Früchte werden nach dem trockenen Verfahren aufbereitet; hier läßt man sie an der Sonne trocknen. Die Qualität dieser Kaffeebohnen liegt unter dem Durchschnitt; deshalb wird das Produkt meist auf den Binnenmärkten verkauft.

Oben: Eine handbetriebene Entkernungsmaschine, in der die Bohnen von Schale und Fruchtfleisch befreit werden. Alle Phasen der nassen Aufbereitung erfordern große Wassermengen. *Kleines Bild:* Einige Bohnen mit Pergamenthaut; diese wird erst in den letzten Verarbeitungsphasen entfernt. *Rechts:* Eine Gärwanne, in der sich die Schleimschicht, Schutzhülle der Pergamenthaut, dank des chemischen Vorgangs und der Enzyme löst.

Der Pergamentschalenkaffee wird in Guatemala auf dem Boden ausgebreitet und an der Sonne getrocknet. Dieser Trocknungsvorgang ist optimal, denn er garantiert bessere Qualität.

Oben links: Um das Trocknen zu beschleunigen, wird das »Gold« – wie man den Kaffee nach der Farbe der Pergamenthaut nennt – mit speziellen Maschinen ständig gewendet. *Oben rechts:* Die aussortierten Kirschen, die trocken verarbeitet werden, liegen auf den Rosten in der Sonne zum Trocknen. *Unten links:* Die Früchte nach einigen Tagen und *(unten rechts)* einer Woche Trocknung an der Sonne.

aus bereits gärenden Wannen angeregt. Der Gärungsvorgang dauert mindestens 6 bis höchstens 80 Stunden, je nach Außentemperatur, Stärke und Zusammensetzung der Schleimhaut. Die Gärung ohne Zusatz von Wasser erfolgt noch schneller; in beiden Fällen müssen die Bohnen in den Wannen oft umgeschichtet werden, um eine gleichmäßige Verteilung der chemischen Reaktionen zu ermöglichen. Diese bewirken sowohl eine Erhöhung der Temperatur in den Wannen als auch eine Steigerung des Säuregehalts: der anfängliche pH-Wert von fast 7 sinkt auf etwa 4,5. Bei diesem Wert können sich die Enzyme kaum entfalten.

Der Gärungsprozeß ist beinahe beendet, die Schleimschicht hat sich aufgelöst und wird mittels mehrerer Waschungen vollends entfernt. Diese können, wie die Waschungen vor der Gärung, entweder in den Wannen selbst, in den Waschkanälen oder mit geeigneten Maschinen vorgenommen werden. Nicht immer hat man die notwendigen Wassermengen zur Verfügung (etwa 100-120 Liter je Kilogramm), und deshalb wird auch das Wasser von vorhergehenden Waschgängen benutzt. Dies kann bis zu vier Mal geschehen, nicht öfter, denn dabei entsteht Propionsäure, die dem Kaffee einen unangenehmen Zwiebelgeschmack verleiht. Wenn die Bohnen aus den Wannen in die Kanäle und in die Trockenkammern geleitet werden, liest man die oben schwimmenden, minderwertigen Bohnen aus, denn die Bohnen an der Oberfläche strömen schneller ab. Neben den eben beschriebenen Aufbereitungsmethoden gibt es zwei weitere zur Beseitigung der Schleimhaut, die jedoch kaum Anwendung finden. In Brasilien werden zu diesem Zweck die Bohnen mit Alkalin behandelt; in Indonesien ist ein mechanisches Verfahren dafür entwickelt worden. Nach dem letzten Waschvorgang werden die Bohnen getrocknet, denn sie enthalten 50 Prozent Feuchtigkeit, die auf etwa 12 Prozent reduziert werden muß. Der Trock-

Links: Während der Waschphasen werden die Bohnen mit speziellen Holzschaufeln vorsichtig durch die Waschkanäle geschleust. Nach diesem Vorgang werden die Bohnen auf die Roste gelegt *(kleine Abb.)* und je nach Wetterverhältnissen im Freien getrocknet.

nungsprozeß der Bohne ist kürzer als der der ganzen Kirsche; er hat außerdem den Vorteil, daß er unterbrochen werden kann, ohne daß die Gefahr einer unerwünschten Fermentation besteht. Die Bohnen können auf natürliche Weise getrocknet werden – dabei werden sie auf Roste oder Zementflächen ausgebreitet – oder in eigens dafür entwickelten Trocknungsmaschinen. Die natürliche Trocknung ist für die Qualität am besten und wird deshalb vorgezogen, wenn die klimatischen Voraussetzungen dafür gegeben sind. Bei dieser Methode werden die noch mit der Pergamenthaut versehenen Bohnen regelmäßig gewendet und gemischt. Die Bohnen trocknen in ein bis drei Wochen; sollte Regen drohen, kann der Kaffee mit wasserdichten Plastikfolien abgedeckt

Oben: In Brasilien werden die Kaffeekirschen in der Sonne getrocknet; in diesem Land ist die trockene Aufbereitung sehr verbreitet. Die Kirschen werden gleichmäßig auf einer Zementfläche oder sogar auf der nackten Erde ausgelegt.
Rechts: In Kenia erfolgt das Trocknen des Pergamentkaffees auf Rosten, die auf Füßen stehen. Die Schichten sind sehr dünn, deshalb müssen sie nicht oft gewendet werden.

oder in offenen Hallen untergebracht werden. Der trockene Hornschalenkaffee wird in Säcke gefüllt und in die Lager- oder Verarbeitungszentren gebracht. Hier wird sofort oder erst vor der Schiffsverladung die Pergamenthaut entfernt. Die nasse Aufbereitung ist, wie gesagt, sehr kompliziert und erfordert große Wassermengen (sie wird nur dort angewandt, wo das Klima großen Wasserverbrauch ermöglicht). Die Qualität des gewaschenen Kaffees ist besser als die des trocken verarbeiteten, und sein Marktpreis ist entsprechend höher. Dies liegt allerdings nicht daran, daß die nasse Aufbereitung

Nach dem Trocknen wird der Hornschalenkaffee in Säcke verpackt und gelagert. Alle Räume, in denen die Kaffeebohnen verarbeitet oder gelagert werden, müssen gut durchlüftet sein; hier darf allerdings die Sonne nicht eindringen, denn dadurch würde die Qualität der Bohnen beeinträchtigt. In Guatemala werden die Bohnen bis zur Einschiffung in ihrer Pergamenthaut belassen, die sie auf natürliche Art schützt.

»technisch« aufwendiger ist, sondern daran, daß bei jedem Durchgang die schlechten Kirschen oder Bohnen aussortiert werden. Außerdem entsteht bei der trockenen Aufbereitung anscheinend kein Gärungsprozeß. Es handelt sich dabei allerdings nur um einen scheinbaren Unterschied, denn während der Trocknung der Kirschen entstehen im Fruchtfleisch Gärungsprozesse, die dann durch den Wassermangel unterbrochen werden. Der größte Vorteil der gewaschenen Kaffeesorten liegt darin, daß diese keine oder nur wenige schlechte Bohnen enthalten und deshalb eine gleichbleibende Qualität gewährleisten können.

Die trockene Aufbereitung
Das Schälen der trockenen Früchte war, wie bereits erwähnt, auch in vergangenen Jahrhunderten üblich; die Natur selbst sorgt dafür, wenn die herangereiften Kirschen nicht rechtzeitig gepflückt sind. Wenn die Früchte ausgereift sind, werden sie mit der Zeit dunkler und trocknen nach und nach ein. Manchmal fällt die Frucht zu Boden und trocknet dort völlig aus. Man könnte also das Trocknen der Natur überlassen und die trockenen Kirschen entweder vom Boden aufsammeln oder vom Strauch pflücken. Dann allerdings würden durch die lange Wärmeeinwirkung die Kirschen zu gären beginnen; dabei bilden sich dann die sogenannten *Stinker*, schlecht riechende Bohnen. Wenn die Kirschen hingegen auf den Boden fallen, können sie von Bakterien oder Pilzen befallen werden. Einer der größten Qualitätsmängel beim Kaffee ist der »Rio-Geschmack« (er wird zu Unrecht so genannt, denn der Kaffee riecht eher nach Arzneimitteln); dieser Geschmack entsteht durch die Enzyme eines Pilzes, der die auf dem Boden liegenden Kirschen angreift. Die Kirschen müssen also im richtigen Augenblick gepflückt und verarbeitet werden. Bei der nassen Aufbereitung dürfen nur reife Kirschen in die empfindlichen Entschä-

Der trocken aufbereitete Kaffee wird während der einzelnen Verarbeitungsphasen nicht so oft aussortiert, weshalb die Bohnen nach dem Schälen sorgfältig überprüft werden müssen. Diese Maschine sortiert die Bohnen nach Gewicht: sie trennt die leichten Teile der Bohnen (wie Fruchtfleisch- und Pergamenthautreste, Holzstückchen, Blätter usw.) von den schweren (z. B. Steinchen oder Metallstücken).

Oben: Die Naturfasersäcke (meist aus Jute oder Hanf) werden vorbereitet, mit den Bohnen gefüllt und zuletzt mit einem Heftapparat verschlossen *(unten)*. Das Standardgewicht ist 69 kg netto, doch einige Hersteller liefern auch Säcke mit 70 oder auch 80 kg. *Rechts:* Die Säcke Rohkaffee sind gelagert und versandbereit. Einige Monate »Ruhe« erhöhen die Qualität der Bohnen.

lungsmaschinen gelangen, während beim trockenen Verfahren weniger reife Früchte die Aufbereitung nicht behindern. In den Ländern, in denen die trockene Aufbereitung angewandt wird, werden die Früchte nach der *Stripping-Methode* gepflückt, bei der es nicht so sehr auf einen gleichmäßigen Reifezustand der Kirschen ankommt. Unreife Bohnen beeinträchtigen allerdings die Qualität des Kaffees, und deshalb werden auch hier die Kirschen vor dem Trocknen verlesen. Das System ist sehr einfach: Die Kirschen kommen in große, mit Wasser gefüllte Wannen; mit einem halb eingetauchten Rohr werden die Kirschen angesaugt, deren spezifisches Gewicht etwas höher als das des Wassers ist, d. h. also nur die reifen. Die ausgetrockneten schwimmen an der Oberfläche, und die etwas schwereren unreifen Kirschen bleiben auf dem Boden der Wanne zurück; beide werden ausgesondert. Das Trocknen kann sodann auf natürliche Art an der Sonne oder mechanisch erfolgen. Auf die teuren mechanischen Trockenverfahren greift man jedoch nur dann zurück, wenn die Luftfeuchtigkeit zu hoch ist. Zum natürlichen Trocknen werden die Kirschen auf Roste oder – wie es öfters der Fall ist – auf einem 5-6 cm hohen Stein- oder Zementboden ausgebreitet. Die Früchte müssen mehrmals täglich gewendet werden, um die Wasserverdunstung zu begünstigen, einen gleichförmigen Trocknungsgrad zu erreichen und Gärungsprozesse zu verhindern, die die Qualität des Kaffees beeinträchtigen würden. Diese Arbeit kann manuell oder mit Maschinen durchgeführt werden. Je tausend Pflanzen benötigt man eine Trocknungsfläche von 50 Quadratmetern. Für das Trocknen der Früchte von 200 000 Pflanzen in einer Plantage benötigt man also eine Fläche, die größer als ein Fußballplatz ist. Das Trocknen kann bis zu 20 Tage dauern; sollte in dieser Zeit Regen drohen, werden die Kirschen mit Plastikfolien abgedeckt oder in offenen Hallen untergebracht. Auch während der Nacht werden die Früchte auf diese Art geschützt, damit keine Feuchtigkeit in das Fruchtfleisch und in die Schleimschicht eindringen kann. Die trockene Kirsche ist kleiner als die eben gepflückte, ihre Farbe ist dunkelbraun, und ihr Feuchtigkeitsgehalt liegt bei etwa 13 Prozent. Um die Bohnen von Schale, Fruchtfleisch, trockener Schleimschicht und Pergamenthaut zu befreien, werden teure Maschinen eingesetzt. Selten können sich die Kaffeeanbauer diese Maschinen leisten, und so werden die trockenen Kirschen meist in Aufbereitungszentren gebracht, die als Genossenschaften organisiert sind und den Erzeugern der Umgebung zur Verfügung stehen. Die Maschi-

Rechts: Diese zwei Aufnahmen wurden in Brasilien gemacht, wo der Kaffee normalerweise trocken aufbereitet wird. *Oben:* Mit einem Schlepper werden die auf dem Boden liegenden Kirschen gewendet. *Unten:* Derselbe Vorgang von Hand ausgeführt. Das Umdrehen fördert das gleichmäßige Trocknen und vermeidet das Entstehen von Gärprozessen.

nen brechen die trockene Schale auf und trennen sie von den Samen. Im Gegensatz zum nassen Verfahren behalten die Bohnen in diesem Fall die silberfarbene Haut, deren Farbe die Aussortierung der schlechten Bohnen erleichtert. In dieser Phase sind noch große Mengen von schadhaften Bohnen unter den gesunden, da die einzige Auslese eventuell gerade nach dem Pflücken ausgeführt wurde. Es stehen aber zahlreiche Auslesemethoden zur Verfügung: Windkanäle, in denen Schalen und leichte Bohnen entfernt werden; geneigte vibrierende Auflageflächen, auf denen man die flachen Bohnen *(flat beans)* von den rundlichen *caracolitos* trennen kann; Sortiermaschinen, die die Bohnen je nach Größe ausscheiden, und andere, die die schlechten Bohnen aufgrund der Farbe sortieren. Diese Auslese erfolgt manchmal noch von Hand *(hand picking):* dabei werden die Bohnen auf ein Fließband gelegt und nach und nach die schadhaften ausgelesen. Die modernen elektronischen Sortiermaschinen sind mit sehr empfindlichen Fotozellen ausgerüstet und können deshalb schneller und genauer arbeiten; sie ersetzen allmählich die manuelle Auslese. Es gibt verschiedene Ausführungen dieser Maschinen. Die einfachsten erkennen nur eine Farbe und messen praktisch die Lichtmenge, die jede Bohne vor der Fotozelle ausstrahlt: Zu helle Bohnen (die »Weißen«) oder zu dunkle (die »Schwarzen«) werden dabei aussortiert. Feiner ist die Technik der Zweifarben-Sortiermaschinen, die üblicherweise Grün und Rot unterscheiden können. Diese Maschinen arbeiten äußerst präzise. Es werden nicht nur die »weißen« oder »schwarzen« Bohnen ausgelesen, sondern auch jene mit grünen Schattierungen, die Geruch und Geschmack des Kaffees stark beeinträchtigen. Es gibt außerdem UV-Sortiermaschinen, deren Fotozellen im Gären befindliche und damit fluoreszierende Bohnen erkennen können, obwohl die Farbe der Bohnen selbst noch unverändert ist. Die verschiedenen Sortiermethoden sind von großer Bedeutung gerade bei den trocken aufbereiteten Kaffeesorten, da sie zu Beginn und vor allem am Ende einer Verarbeitungsphase angewendet werden. Nur durch die Auslese können die guten, natürlichen Kaffeesorten entstehen, aus denen alle schlechten Bohnen sorgfältig entfernt wurden. Nun kann der Kaffee gewogen, in Jute- oder Hanfsäcke (60-100 kg Gewicht) gefüllt und zum Versand verladen werden.

Sorten und Mischungen

Die Qualität einer Kaffeesendung kann am besten anhand einer Probe festgestellt wer-

Links: Die Kaffeebohnen werden von den Plantagen zu den Verarbeitungszentren von Guaxupè (Brasilien) gebracht, wo sie sortiert werden. Die Sortierung kann nach Gewicht und Farbe (dabei werden die schlechten Bohnen entfernt) und mit Siebmaschinen erfolgen (die Bohnen werden nach Größe ausgelesen). Diese Methoden werden vor allem bei den »natürlichen« Kaffeesorten, d. h. den trocken aufbereiteten, angewandt.

den. Die entnommenen Bohnen werden geröstet, und aus ihnen wird das Getränk zubereitet. Nur auf diese Weise können alle Faktoren definiert werden, die zum Geschmack beigetragen haben: von der Pflanzenart bis zur Aufbereitungsmethode, vom Herkunftsland zu den Produktionstechniken. Dabei spielen so viele Variablen eine Rolle, daß eine umfassende Beschreibung unmöglich ist. Trotzdem kann von jeder Kaffeesorte ein kurzes Profil gezeichnet werden, anhand dessen ohne Kontrolle der gesamten Sendung die Qualität des Kaffees und der Marktwert festgelegt werden können. Jedes Erzeugerland hat seine eigene Einstufungsmethode: Einige Elemente spielen immer eine Rolle, wie z. B. das Herkunftsland – oft wird das Anbaugebiet oder -zentrum (z. B. Kolumbien, Armenien usw.) angegeben – oder der Verladehafen. Weitere erforderliche Angaben betreffen die Pflanzenart (Arabica oder Robusta) und die Aufbereitungsmethode (natürlich oder naß). Diese Einzelheiten sind oft von vornherein bekannt, wenn in einem Land grundsätzlich eine bestimmte Sorte angebaut und mit einer bestimmten Methode aufbereitet wird. So wird z. B. nicht eigens angegeben, daß ein Santos ein natürlicher Kaffee der Sorte Arabica ist; man wird hingegen gesondert erwähnen, daß ein Bahia gewaschen ist. Wenn man von Costa Rica spricht, weiß man bereits, daß es sich um einen gewaschenen Arabica handelt; wenn hingegen der Kaffee aus Kamerun kommt, müssen alle Angaben genau gemacht werden, denn in diesem Land werden beide Sorten mit beiden Aufbereitungsmethoden hergestellt. In Brasilien wird als Maßeinheit für die Kaffeebohnen die »Siebgröße« angegeben, d. h. der Durchmesser des Loches, durch den die Bohne fällt; sie wird normalerweise in vierundsechzigstel Zoll ausgedrückt. Die Einheiten gehen von 13 bis 20. Andere Länder benützen Buchstaben oder Zahlen für die Einstufung, wie z. B. AA-A-B-C für verschiedene Bohnengrößen der Arabicasorte und I-II-III für die Robusta. AA ist gleich I, d. h. Lochstärke 16-18, gleich 7,2 Millime-

Bei der manuellen Farbkontrolle rollen die Bohnen auf einem Fließband vorbei. *Rechts*, von oben nach unten und von links nach rechts die verschiedenen Sortierphasen: Die Funktionsfähigkeit der Maschinen wird oft durch Entnahme von Proben überprüft. Die Bohnen werden auf Fließbändern von einer Maschine zur anderen befördert. Die Maschine mit geneigter Auflagefläche trennt die flachen Bohnen von den *caracolitos*. Elektronische Farbsortiermaschinen. Nach dem Sortieren wird ein Experte die Sendung auszeichnen.

BSM222 Plus
SELETRON

ter. Wenn die Bohnen Perlenform haben *(peaberry* oder *caracolito)*, wird auch diese Eigenschaft angegeben, ansonsten wird vorausgesetzt, daß es sich um flache Bohnen handelt *(flat beans)*. Eine weitere wichtige Angabe betrifft den Prozentsatz der schadhaften Bohnen in einer Sendung, der normalerweise nach dem *New York Coffee & Sugar Exchange* angegeben wird. NY bedeutet, daß je 300 Gramm Kaffee 4 mangelhafte Bohnen enthalten; bei NY3 sind es 12 usw. bis zur Einordnung NY8. Eine schwarze Bohne wird als Mangel bewertet, genauso fünf unreife oder gebrochene. Bei diesem Bewertungssystem wird nicht immer konsequent auf Geschmack und Duft des Kaffees geachtet, denn wichtiger sind hierbei Form, Größe und der Anteil an Fremdkörpern, die leicht entfernt werden können. Manchmal wird auch der Erntezeitraum angegeben: *new crop* weist auf eine kürzlich erfolgte Ernte, *old crop* auf eine vorhergehende. In Lateinamerika werden die Kaffeesorten zum Teil auch nach der Stärke der Bohnen bemessen: HB und SHB, d. h. *Hard Bean* für eine harte Bohne und *Strictly Hard Bean* für eine äußerst harte. Aus diesen Abkürzungen kann man auch entnehmen, daß sich die Plantage zwischen 1350 und 1500 Metern oder über 1600 Metern Höhe befindet. Es gibt weitere Faktoren, die bei der Klassifikation eine Rolle spielen. In Brasilien ist man diesbezüglich sehr phantasiereich, denn manchmal wird auch die Farbe der Bohne beschrieben, die Art der Röstung und der Geschmack des Kaffeegetränks.

Links, von oben nach unten und von links nach rechts: Die häufigsten Mängel in Rohkaffeesendungen: grüne, unreife Bohnen; gegorene und gebrochene; die sogenannten Ohren (auf Englisch *shells*); Holzstückchen; weiße und schwarze Bohnen; Bohnen mit Pergamenthaut (beim grünen Kaffee ist dies ein Mangel); Schalenstücke. Bei der Kaffeeauszeichnung wird jeder Mangel bewertet.

Links: Die Rückkehr aus einer Plantage in Antigua nach einem Arbeitstag. *Oben:* Der Markt in Antigua, Guatemala. *Unten links:* Frauen auf dem Markt in Misarara, Kenia. *Unten rechts:* Um das »Gold«, wie der Pergamentkaffee in Antigua genannt wird, zu schützen, wird sogar Stacheldraht ausgerollt und bewaffnete Männer halten Wache.

DER HANDEL MIT KAFFEE

Die Kaffeewelt wird üblicherweise in zwei Sparten unterteilt: Erzeugerländer und Verbraucherländer. Im Verbraucherland wird der Kaffee nicht angebaut, sondern nur verbraucht – letzteres trifft aber auch für die Erzeugerländer zu, welche durchschnittlich im Jahr beinahe 20 Millionen 60-kg-Säcke Kaffee bei einer Gesamtproduktion von 90-100 Millionen konsumieren. Der internationale Kolonialhandel wird von der ICO, der Internationalen Kaffeeorganisation *(International Coffee Organisation)* geregelt, unter deren Dach sowohl die etwa 50 Erzeugerländer, welche ca. 98% der Welternte stellen, als auch die bedeutendsten westlichen Weltmärkte vereint sind. Nicht an die Organisation angeschlossen sind etwa zwanzig zweitrangige Kaffee-Erzeuger, deren Ernte aber oft einige zehntausend Säcke zählt, sowie die Verbraucherländer Osteuropas, Israel und einige andere Staaten. Die Mitglieder der ICO verbrauchen jährlich etwa 55 Millionen Säcke Kaffee, die Nichtmitglieder ca. 10 Millionen. Im Rahmen der ICO sind die Erzeugerländer in vier Gruppen unterteilt, die sich aufgrund der Eigenarten ihrer Kaffeesorten unterscheiden: Die Gruppe der »Milden Kolumbianer«, wozu Kenia, Tansania und natürlich Kolumbien gehören; die Gruppe der »Brasilianer« und der anderen zur Familie der *Coffea arabica* gehörenden Kaffeesorten mit Brasilien und Äthiopien; die Gruppe der »Anderen Milden«, mit allen anderen Arabica-Erzeugern und die Gruppe der *Coffea robusta* mit allen Erzeugerländern dieser Sorte. Die ICO verfolgt zwei Hauptziele, einerseits die weltweite Steigerung des Kaffeekonsums und andererseits eine für die Produzenten gewinnbringende Preisgestaltung. Um dieses Ziel auch wirklich zu erreichen, haben die Mitglieder der Organisation ein Abkommen (ICA, *International Coffee Agreement*) unterzeichnet, das jeweils

Seite 80: Zwei Sortierer einer brasilianischen *Casa exportadora* analysieren das gesiebte Gut, die Mängel und die Tassenausbeute der verschiedenen Kaffeepartien. *Oben:* Die Notierungen an der Börse von Santos werden mit Kreide an die Tafel geschrieben. *Rechts:* Die Tafel an der Außenmauer der Börse, die seit 1917 besteht, erinnert an die bedeutendsten Ereignisse der Geschichte des brasilianischen Kaffees.

1727 COFFEA BRASILIAE FULCRUM 1927
A COMMISSÃO CENTRAL
DO
2º CENTENARIO DO CAFÉ
EM NOME DA LAVOURA PAULISTA
HOMENAGEM
AO COMMERCIO DE SANTOS
TRABALHO-PROBIDADE
COHESÃO-CIVISMO
1797 PRIMEIRAS EXPORTAÇÕES DE CAFÉ
1850/51 EXPORTAÇÃO DIRECTA PARA O EXTRANGEIRO
103.260 S
1906/07 EXPORTAÇÃO MAXIMA 13.874.113 S
1870 FUNDAÇÃO DA ASSOCIAÇÃO COMMERCIAL
1904 1ª EXPOSIÇÃO DE CAFÉ EM S. LUIZ
COM O CONCURSO DA PRAÇA DE SANTOS
1917 INAUGURAÇÃO DA BOLSA DO CAFÉ

vier Jahre gültig ist und die Exportmengen jedes einzelnen Erzeugerlandes sowie den Mindest- und Höchstpreis für den Verkauf festlegt. Die Preise werden täglich auf den Terminmärkten von London und Paris-Le Havre für die *Coffea robusta* und an der Terminbörse New Yorks für die *Coffea arabica* für alle vier Gruppen ermittelt. Wenn die durchschnittlichen Preise in einem Zeitraum von vierzehn Tagen den Mindestwert unterschreiten sollten, werden die Ausfuhrquoten reduziert, sollten sie aber den festgelegten Höchstpreis überschreiten, werden die Exportmengen erhöht. Sollte die Preissteigerung beachtlich und langfristig sein, kann die Quotenregelung sogar eingestellt werden. Dieser Mechanismus verhindert zwar eine zu starke Preissenkung bei Überproduktion, schließt aber eine kräftige Preiserhöhung in kargen Erntejahren nicht aus. Der Kaffeehandel spielt sich eigentlich nur zwischen dem Exporteur, der die Kaffeepartien von den Erzeugern oft mit Vermittlung des Staats abkauft, und den Röstereien ab, die ihren Sitz in den Importländern haben. Gewöhnlich steht zwischen Exporteur und Rösterei ein Mittelsmann, ein sogenannter Rohguthändler, welcher die Partien einkauft, um sie an eine oder mehrere Röstereien (meistens mittelgroße oder kleine) weiterzuverkaufen, oder ein Agent *(Broker)*. In diesem Fall handelt es sich aber um direkte Handelsgeschäfte, da der Agent nur eine Provision für seine Vermittlung erhält. Die Anzahl der Exporteure wird von den Erzeugerländern durch begrenzte Lizenzvergabe beschränkt; diese Maßnahme findet aber keine Entsprechung in den Verbraucherländern hinsichtlich der Einfuhr von seiten der Importeure oder Röstereien.

Überprüfung der Kaffeeproben

Wesentlicher Bestandteil des Kaufvertrags ist neben Preis, Zahlungs- und Lieferbedingungen sowie Versicherung die Beschreibung der Eigenschaften des Kaffees. Da aber in

Auf den vorhergehenden Seiten: Der Verhandlungssaal der Börse von Santos, wo die brasilianischen Kaffeesorten notiert werden. Die Börsen oder Terminmärkte ermöglichen den Ein- und Verkauf von Kaffee mit verzögerten Auslieferungen zu den während der Verhandlungen festgesetzten Preisen. *Oben:* Kaffeekoster an der Arbeit an dem typischen runden Drehtisch. Die Proben werden meistens als Aufguß verkostet. *Unten:* Die Zutaten für einen Espresso.

der notwendigerweise kurzgefaßten Beschreibung des Vertragsgegenstands die Kaffeequalität nur annähernd festgelegt wird, kann der Käufer eine Kaffeeprobe verlangen, um feststellen zu können, ob die Qualität auch seinen Erfordernissen entspricht und der verlangte Preis gerechtfertigt ist. Da Geschmack und Geruch die bedeutendsten Eigenschaften einer Kaffeepartie sind, werden mit einem Teil der Probe – ca. 100-300 g – eine oder mehrere Tassen Aufguß zur Verkostung vorbereitet. Dazu braucht man eine kleine Kaffeeröstmaschine, eine kleine Mühle und ein Gerät zur Kaffeebereitung: meistens genügt ein Sieder, denn im allgemeinen wird zur Verkostung folgendes Rezept angewandt: man läßt 10 g gemahlenen Kaffee fünf Minuten lang in 150 cc siedendem Wasser ziehen. Da

Eine Gruppe von Kaffeekostern bei der Auslese von Proben verschiedener Partien, die als Aufguß und auch als Espresso verkostet werden. Jede der beiden Verkostungsweisen ermöglicht es, die speziellen, zubereitungsbezogenen und unterschiedlichen Eigenarten von Geschmack und Aroma vollends zu genießen. Bei der Verkostung benützt man besondere Löffel, die *goûte-café* genannt werden; nach der Verkostung wird der Kaffee in eigens dafür bestimmte Becken gespuckt, um den Kostern eine zu hohe Koffeinbelastung zu ersparen.

keine Standardregeln zur Verkostung bestehen und die anderen Anhaltspunkte wie Röstweise und Klassifikation des Getränks von Land zu Land – und sogar von Betrieb zu Betrieb – verschieden sind, ist man sich in der Endbewertung nicht immer einig. Zur Verkostung benützt man einen rundlichen, breiten Löffel, den *goûte-café*, der dem *tastevin* der Sommeliers gleichzustellen ist. Der Kaffee wird ungezuckert verkostet. Da aber die Kaffeekoster nicht große Mengen Kaffee trinken können, wird der Kaffee nach Bewertung und Notierung der Eigenschaften wieder ausgespuckt. Die Klassifikation gründet sich auf bestimmte Charakteristika und geschmacks- und aromabezogene Bezeichnungen für das Getränk: Die sicherlich bunteste und reichste Fachsprache in dieser Hinsicht ist die der Brasilianer. In Italien z. B., wo praktisch nur Espresso getrunken wird, werden die Proben so vorbereitet, daß vor allem die Espresso-spezifischen Eigenschaften der Kaffeepartie in den Vordergrund gestellt werden. Im allgemeinen findet die Verkostung vor Vertragsabschluß statt, manchmal auch anschließend, aber nur wenn die Klausel »unter Vorbehalt der Musterbilligung« vorgesehen ist. Das bedeutet, daß der Vertrag annulliert werden kann, falls das Muster nicht den Vorstellungen des Käufers entspricht. Die Probenreste werden üblicherweise aufbewahrt, um sie mit der gekauften Ware zu vergleichen. Wer also prinzipiell den Kaffee immer verkostet, verfügt auch über ein Labor für die Zubereitung, die Verkostung und die Archivierung der Kaffeeproben.

Auslese und Mischung

Aufgabe der Rösterei ist die verbrauchsfertige Verarbeitung der grünen Bohnen. Die wichtigsten Phasen sind ohne Zweifel die Röstung, die für die Aromaentfaltung verantwortlich ist, und die Verpackung. Nicht zu unterschätzen sind auch die Auslese und die Mischung. Unter den grünen Kaffeebohnen können sich schadhafte Bohnen verbergen, was bei einer Ernte nach der *Stripping-Methode* und einer nicht besonders sorgfältigen

Die Abteilung »grüner Kaffee« einer Rösterei, die die nebenanliegende Röstabteilung speist; hier wird der Kaffee gereinigt, um eventuell vorhandene Fremdkörper zu beseitigen, sowie nochmals ausgelesen. Rechts steht eine noch selten eingesetzte elektronische Zweifarbensortiermaschine zur Beseitigung der unreifen oder fermentierten Bohnen, die die grobe Auslese (Einfarbensortiermaschine) der Erzeuger nicht entdeckt hat.

Verarbeitung sogar sehr wahrscheinlich ist. Wie bereits beschrieben, werden die Kaffeekirschen und Bohnen während des nassen Aufbereitungsverfahrens mehrmals ausgelesen; trotzdem kann es vorkommen, daß sich unter dem gewaschenen Kaffee leicht fermentierte und übelriechende Samen verbergen, die mit einer elektronischen UV-Sortiermaschine eliminiert werden. Bei den trockenen Verfahren, wo bereits mit weniger Sorgfalt geerntet wird, findet man häufig unreife oder überreife Bohnen. Die elektronische Zweifarben-Sortiermaschine ermittelt die Farbbestandteile der Umhüllung und erkennt dadurch, ob die Bohne den erforderlichen Reifegrad erreicht hat. Leider stehen aber diese technischen Einrichtungen nicht in allen Erzeugerländern zur Verfügung, da die Anschaffungskosten sehr hoch sind und die Anwendung eine fachspezifische Ausbildung voraussetzt. Außerdem werden schadhafte Bohnen in so geringem Anteil vorgefunden – etwa eine auf tausend –, daß die Produzenten ihre Beseitigung oft nicht für nötig halten. Anderer Meinung ist aber meistens der Röster: Die schadhafte Bohne kann Geschmack und Aroma des Getränks stark beeinflussen. Einige Bestandteile der schadhaften Bohnen sind auch in stark verdünnten Kaffeegetränken wahrzunehmen; z. B. Folgeprodukte von Gärungsprozessen – die sogenannten *Stinker* – oder das Trichloranisol, das im Kaffee den sogenannten Rio-Geschmack und im Wein den Korkengeschmack bewirkt. Auch nur ein Teilchen Trichloranisol auf 100 Milliarden kann den Geschmack beeinträchtigen. Aus diesem Grund findet die Anwendung elektronischer Sortiermaschinen immer stärkere Verbreitung bei den Röstereien, die vor allem auf Qualität bedacht sind. Die Auslese kann auch nach dem Rösten mit ähnlichen Geräten durchgeführt werden, aber dann handelt es sich eher um eine »kosmetische Behandlung«, deren Ziel die Beseitigung von zu stark oder zu wenig gerösteten, nicht unbedingt schadhaften Bohnen ist, die kaum organoleptische Veränderungen herbeiführen würden.

In der Abteilung »Probeneinstufung« der Rösterei werden alle getesteten Proben aufbewahrt, insbesondere aber jene der angekauften Kaffeepartien, damit bei Eintreffen der Ware ein Vergleich angestellt werden kann. Bei Reklamationen entscheidet ein »Schiedsgericht« über den vom Käufer erlittenen Schaden.

Mit der Mischung hingegen werden im wesentlichen zwei Ziele verfolgt: Verbesserung und langfristige Erhaltung der Kaffeequalität. Jede Kaffeepartie zeichnet sich im allgemeinen durch eine bestimmte geschmackseigene Charakteristik (wie herb oder mild) und einen besonderen Aromaton aus. Durch die Mischung kann ein Ausgleich der verschiedenen Geschmacksbestandteile (herb, sauer, mild) und ein ausgeprägtes, breitgefächertes Aroma erzielt werden. Die aromatischen Eigenarten der einzelnen Kaffeepartien dürfen nicht vorherrschen, sondern müssen mit denen der anderen Partien harmonieren. Außerdem muß man auch berücksichtigen, daß die organoleptischen Eigenarten der Partien von Mal zu Mal und von Jahr zu Jahr Änderungen unterliegen, da es sich ja um ein Agrarprodukt handelt. Die Dosierung der Mischungen spielt dann eine große Rolle, wenn man ein geschmacklich konstantes Produkt erlangen will. Hier ist ein Vergleich mit der Weinherstellung angebracht: Die Zubereitung einer Mischung setzt wie bei Cuvées und besonders bei der Sektherstellung großes Können voraus. Die Mischung kann vor oder nach dem Röstvorgang vorgenommen werden, genauso wie man bei der Weinherstellung Trauben oder Wein mischen kann. Die Mischung vor dem Röstvorgang hat den Vorteil, daß man ein einheitliches Geschmacks- und Geruchsbild erhält und bietet außerdem die Möglichkeit, auch nach dem Rösten noch Qualitätskontrollen

Oben: Das »Herz« einer elektronischen Sortiermaschine: Die grünen Bohnen werden mit einer Geschwindigkeit von 200/Sekunde an den Fotozellen vorbeigeschleust. Wenn die Farbwerte einer Bohne gewisse Werte überschreiten, wird diese anschließend von einem Druckluftstrahl ausgeschieden. *Unten:* Die unterschiedlich reifen Kaffeekirschen. Die grünen Kirschen enthalten die unreifen Bohnen, die eine Zweifarbensortiermaschine aussondern kann; die Fotozellen erfassen die verschiedenen grünen und roten Farbnuancen jedes einzelnen Kaffeesamens.

durchzuführen. Die Nachteile liegen vor allem in der Steuerung des Röstvorgangs, da gewisse Schwierigkeiten bestehen, den aus verschiedenen Partien stammenden Bohnen unterschiedlicher Größe und verschiedenen spezifischen Gewichts einen einheitlichen Farbton zu verleihen. Dieses Problem tritt bei der Mischung nach dem Röstprozeß nicht auf, weil jede Partie einzeln geröstet wird. Geschmack und Aroma sind dann aber weniger homogen und konstant. Qualitätskontrollen dieser Mischungen sind nicht von Nutzen, da der Kaffee aus unterschiedlichen Röstvorgängen stammt. Sollten irgendwelche Mängel festgestellt werden, kann daraus nicht auf den einen oder anderen Röstvorgang geschlossen werden.

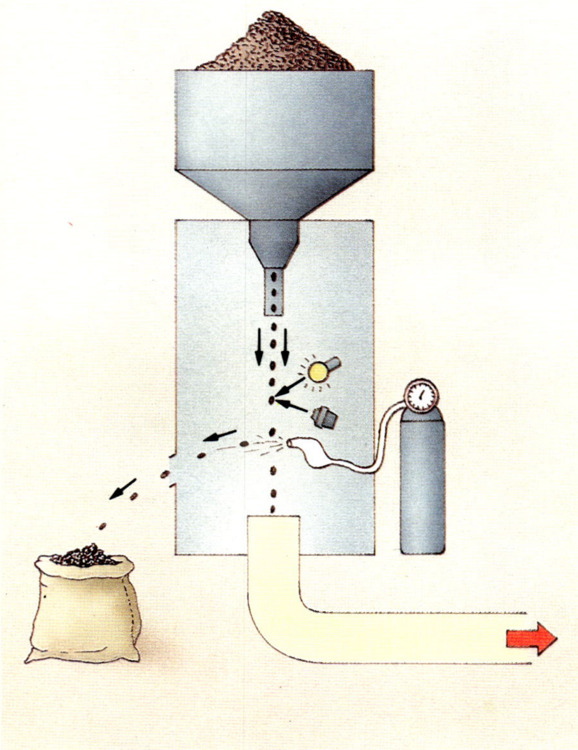

Der Röstvorgang

Nach den Verarbeitungsverfahren in den Erzeugerländern kann der grüne Kaffee ohne besondere Vorkehrungen einige Jahre gelagert werden. Der geröstete Kaffee hingegen ist nur bedingt und für kurze Zeit lagerbeständig, ganz besonders dann, wenn er nicht in Schutzpackungen abgefüllt ist.

Aus diesem Grund erfolgt das Rösten gewöhnlich im Verbraucherland, um die Zeit zwischen dieser Verarbeitungsphase und dem Verbrauch möglichst gering zu halten. Der Röstvorgang ist im wesentlichen eine Pyrolyse: die Kaffeetemperatur wird in einem Zeitraum von 10-15 Minuten (theoretisch könnte man den Kaffee auch in noch kürzerer Zeit oder in einer halben Stunde rösten) auf 200-230 °C gesteigert und erzeugt dadurch in den Samen erhebliche physikalisch-chemische Änderungen, welche die Aufbereitung erleichtern und vor allem die Qualität des Getränks stark beeinflussen. Wichtig ist

Die Zeichnung hier oben veranschaulicht die Betriebsweise einer elektronischen Sortiermaschine: Die Bohnen werden von einem Förderer eingeschleust und an einer Weißlicht- oder UV-Lampe vorbeigeführt (je nach Maschinenausführung); eine oder mehrere Fotozellen an derselben Maschinenseite erfassen die Farbkennzeichen jeder einzelnen Bohne und senden sie an die elektronische Steuerung, die entscheidet, ob die Bohne den Erfordernissen entspricht oder mit einem Druckluftstrahl ausgeschieden werden soll. Die Weißlicht-Sortiermaschinen arbeiten aufgrund von Ein- oder Zweifarbenkriterien: Im ersten Fall wird die Gesamtintensität des von der Bohne wiedergegebenen Lichtstrahls analysiert, im zweiten fußt die Analyse auf der Häufigkeit der grünen und roten Farbanteile.

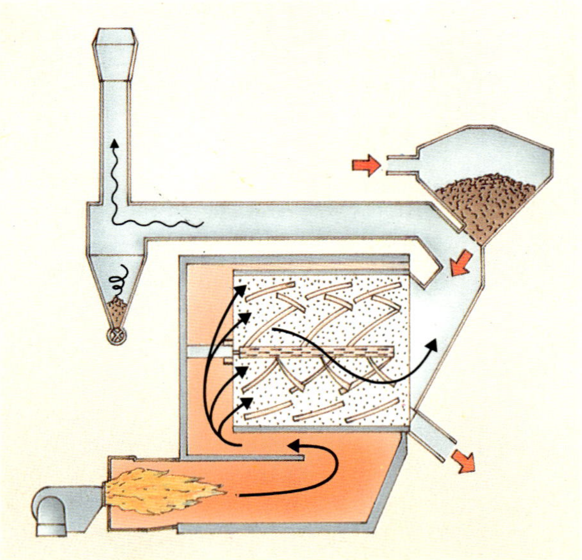

der Gewichtsverlust (etwa 15-20%), welcher hauptsächlich auf die Wasserverdunstung und das Entweichen schwerer Gase, wie Kohlensäure, zurückzuführen ist; diese erreicht im Zellinnern sehr hohe Druckwerte (20-25 atü) und bewirkt das Quellen der Bohne, deren Volumen sich um etwa 60% vermehrt. Außerdem tritt eine Veränderung der Bohnenstruktur ein, die ihre Härte und Elastizität verliert und brüchig wird; die Karamelisierung des Zuckergehalts und anderer Kohlenhydrate sowie die Entwicklung einiger Farbstoffe infolge besonderer chemischer Reaktionen, der sogenannten »Strecker«-Reaktionen, bewirkt eine Verfärbung der grünen Bohnen, die einen braunen Farbton annehmen. Dies geschieht allerdings nur bei sehr hohen Temperaturen: die Kaffeebohnen werden um so dunkler, je höher die Temperaturen sind, während man goldbraune Bohnen gewinnt, wenn der Röstvorgang bei Temperaturen um 200 °C abgebrochen wird. Die wesentlichen chemischen Verwandlungsprozesse sind auf Stoffe zurückzuführen, deren Anzahl vor und nach dem Röstvorgang unterschiedlich ist, sowie auf neu entstandene Verbindungen. Der Wassergehalt sinkt von etwa 10% auf weniger als 1%, der Zuckergehalt von 10 auf 2% und die Chlorogensäure von 7 auf 4,5%, während die Fettstoffe von

Oben links: Schema einer Röstmaschine mit Drehtrommel und Taktbetrieb. Im Trommelinneren wird der Kaffee von einem durch einen Generator erzeugten Warmluftstrom erhitzt, umspült und durchströmt. Die Endtemperatur von 200–230 °C wird innerhalb von 10–15 Minuten erreicht. Dann wird der Kaffee in den Kühltrichter *(rechts)* geleert, wo ihn mechanische Schaufeln herumwirbeln. Die Kühlung erfolgt meist durch einen Kaltluftstrahl und Wasserberieselung.

12 auf 16% steigen. Auch der Trigonella-Gehalt sinkt von 1,0% auf 0,5%, die stickstoffhaltigen Substanzen hingegen steigen von 12 auf 14%; Koffein, Zellulose, Pektin und Aschengehalt bleiben unverändert. Die neuen Substanzen entstehen infolge der pyrolytischen Prozesse und stellen am Ende des Röstvorgangs etwa 30% des Bohnengewichts dar: dazu zählen Karamel, Kohlensäure und ungefähr 700 flüchtige, durch die Maillard-Reaktionen erzeugte Aromastoffe, die sich bei etwa 160 °C bilden und sich bis zum Ende des Röstvorgangs weiterentwickeln. Gleichzeitig mit den Aromastoffen entwickelt sich im Zellinneren Kohlensäure, die die Bohnen zum Quellen bringt; bei stark überhöhter Temperatur (über 230 °C) besteht die Gefahr, daß sie bersten. Das Knacken auch nur

Zwei Röstautomaten mit Drehtrommel stehen sich in dieser Abteilung gegenüber. Obgleich Maschinensteuerung und -kontrolle (Bildmitte) vollautomatisch erfolgen, sind die Erfahrung und das wachsame Auge des Kaffeerösters unersetzbar. Er stellt nicht nur das Produktionsprogramm ein, sondern liest und interpretiert die Wärmekurven, um den ordnungsgemäßen Prozeßablauf zu überprüfen, und ist außerdem an Ort und Stelle, sollten ein Maschinenschaden oder andere Störungen eintreten.

Oben: Der eben geröstete Kaffee wird sofort in einem mit mechanischen Schaufeln ausgerüsteten Trichter gekühlt, die die Bohnen herumwirbeln, während sie von einem Kaltluftstrahl durchströmt werden. *Links:* Nahaufnahme der glänzenden Kaffeebohnen. Sollte in dieser Verarbeitungsphase Wasser eingesetzt werden, so verwandelt sich das Wasser wegen der hohen Kaffeetemperatur (über 200 °C) in Dampf. Der Dampf bewirkt jedoch die Ausweitung der Zellporen, welche die Zerstreuung der während des Röstens entstandenen Gase und der flüchtigen Aromastoffe begünstigt.

einer geringen Anzahl von Zellen erzeugt während des Röstprozesses ein prasselndes Geräusch, das man auch »Kaffeegeknister« nennt. Wenn die Zellwand unter dem überstarken Druck birst, werden Gas und flüchtige Aromastoffe freigesetzt. Wenn man die Endtemperatur beim Rösten erhöht, vermehren sich die Aromastoffe zunächst, um sich dann aber wieder zu verringern. Die Temperatur bestimmt nicht nur die Anzahl der Aromen, sondern auch das Verhältnis zwischen dem herben und dem säuerlichen Geschmackston: der Herbegrad steigt mit der Temperatur, der Säuregrad hingegen sinkt.

Die hellbraun gerösteten Kaffeebohnen schmecken eher säuerlich, die dunklen Bohnen hingegen neigen zum Herben. Die heikelste Phase des ganzen Röstprozesses ist die Endphase: Bei Temperaturen über 200 °C verwandeln sich die endothermen chemischen Reaktionen (mit Wärmeaufnahme) in exotherme (mit Wärmeerzeugung). Die Steigerung der Kaffeetemperatur erfolgt also schlagartig, denn zur vom Röstautomaten erzeugten Wärme kommt die von den chemischen Reaktionen erzeugte Wärme hinzu. Der Röstvorgang kann von Hand oder auch automatisch über eine Temperatursonde abgebrochen werden, um eine Probenentnahme zur Überprüfung der Farbentwicklung zu ermöglichen. Ist der gewünschte Farbton erreicht, wird der Kaffee in den Kühltrichter geschüttet und unter einem Kaltluftstrom oder auch mit Wasser herumgewirbelt und gekühlt. Der Einsatz von Wasser beschleunigt zwar den Kühlvorgang, beeinträchtigt aber die Kaffeequalität: erstens nimmt das Gewicht bei gleichzeitiger Verringerung der Ausbeute zu, zweitens wird der Verlust von

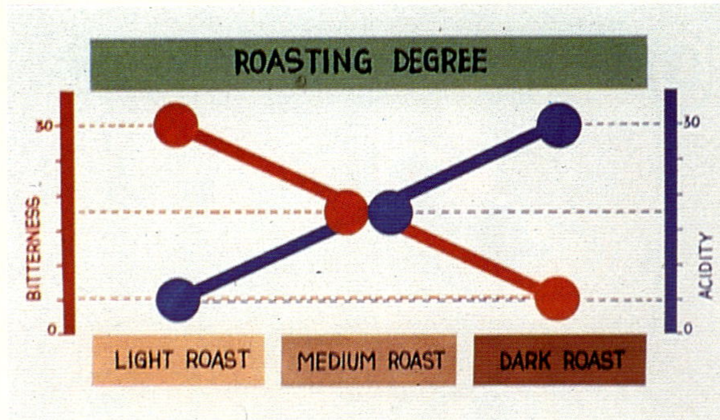

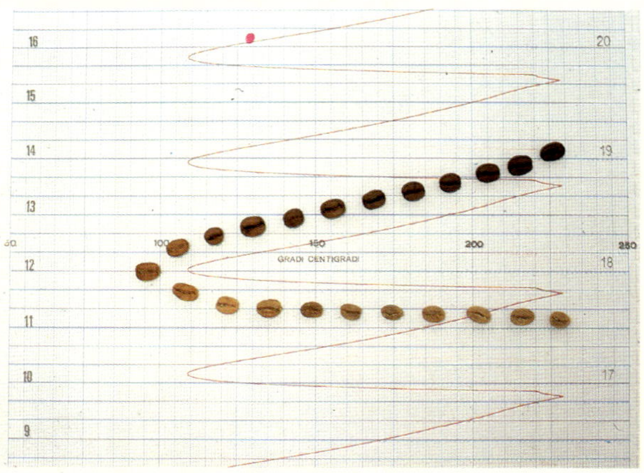

Oben rechts: Am abgebildeten Schema kann man erkennen, daß der Steigerung der Röst-Endtemperatur eine Betonung des herben Geschmacktons, aber eine Minderung des Säuregeschmacks des Getränks entspricht. *Unten links:* Die Temperaturentwicklung in der Röstmaschine steht im Zusammenhang mit der Bohnenbräunung. Beim Einfüllen der neuen Grünkaffeeladung sinkt die Temperatur zuerst, um dann langsam bis zur Höchsttemperatur von über 225 °C anzusteigen. Die Bohne verfärbt sich inzwischen und nimmt in der Folge eine gelbe, dann eine haselnußbraune und zuletzt eine braune Farbe an. *Rechts:* Je länger man die Kaffeebohnen röstet, desto dunkler werden sie.

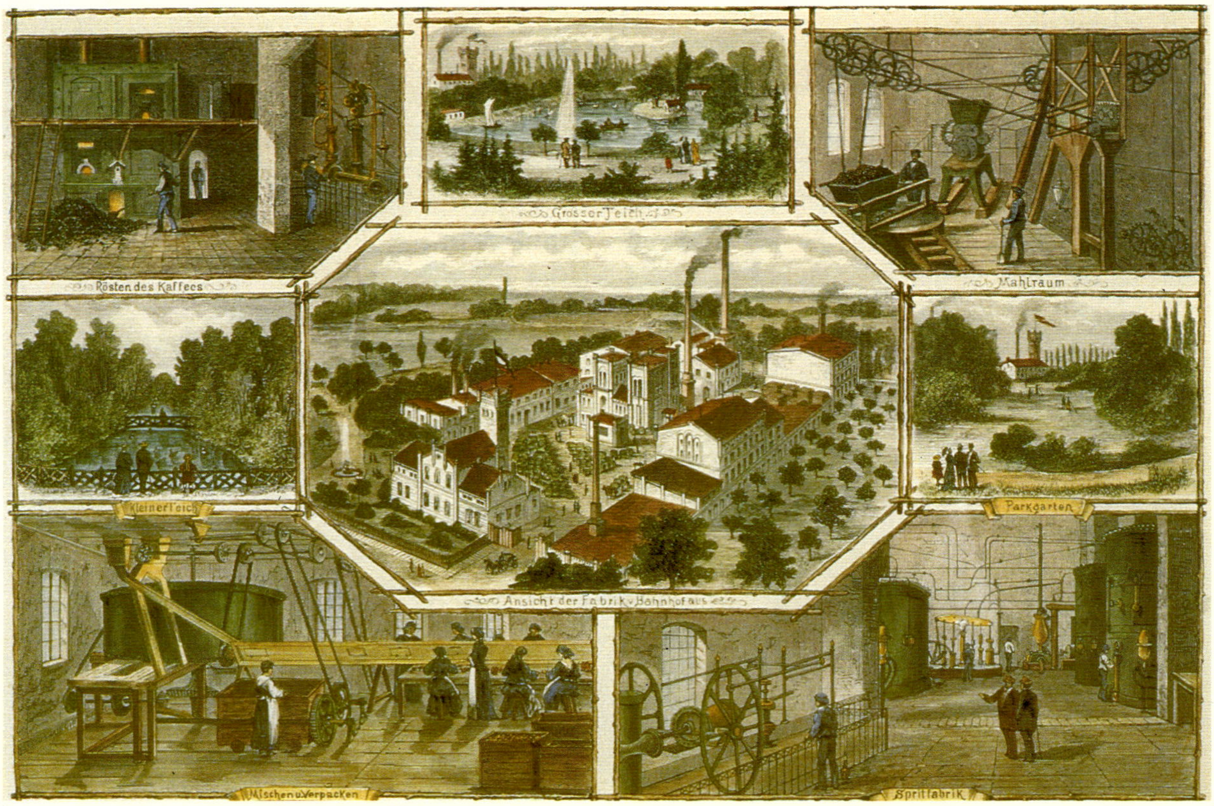

Kohlensäure und flüchtigen Aromastoffen beschleunigt und drittens steigt die chemische Instabilität der Mischung, da die Degenerationsprozesse beschleunigt werden.
Die meistverbreiteten Röstautomaten verfügen über Taktbetrieb: Im Laufe eines Zyklus wird eine bestimmte Menge an grünen Bohnen geröstet. Während der Aufwärmphase kann auf zweierlei Weise gemischt werden: mittels einer Drehtrommel, deren Gehäuse und Innenwände von einem Heißluftstrom umwirbelt werden, oder mittels eines starken Warmluftwirbels, der das Mischen der herumwirbelnden Bohnen bewirkt. Der Einsatz dieser Maschinen gewährleistet einen größeren Wärmeaustausch zwischen Luft und Kaffee und ermöglicht das sogenannte Schnellrösten *(high yield)* in oft

Eine deutsche Kaffeerösterei auf einem alten Stich. Auf der Abbildung sind die verschiedenen Verarbeitungsphasen zu erkennen: die Röstabteilung, wo die Maschinen sicher noch mit Kohle oder Holz betrieben wurden, die Mahlabteilung und dann die Misch- und Verpackungsabteilungen. Auch in den heute hochmodernen Röstereien hat sich am Arbeitsablauf nichts geändert.

nur 60 Sekunden. So kurze Röstvorgänge erlauben die vollständige Auslastung der Anlagen sowie eine Verringerung des Eigengewichtsverlustes, verhindern aber die Entwicklung der flüchtigen Aromastoffe und die Verminderung der Trigonella- und Chlorogensäure-Anteile, die die Ursache des unangenehm bitteren Geschmacks und der geringen Verträglichkeit des Getränks sind. Sowohl die traditionellen Maschinen mit Drehtrommel als auch die modernere Ausführung mit Fließbett verfügen über eine Spezialeinrichtung, welche die von der Bohne gelöste silbrige Pergamenthaut ansaugt und absondert.

Die Verpackung

Der geröstete Kaffee ist nun verbrauchsfertig. Die gerösteten Bohnen müssen aber vor dem Versand an die Verbrauchermärkte nach allen Regeln der Kunst gelagert und verpackt werden. Bei Zimmertemperatur verliert das Röstgut innerhalb zwei Wochen seine charakteristische Frische und seinen Duft: die aus den Bohnen entweichende Kohlensäure setzt auch die flüchtigen Aromastoffe frei und entzieht dem Kaffee einen Teil seiner Substanzen; die in der Luft enthaltene Feuchtigkeit und der Sauerstoff tragen zum Aromaverlust bei, da sie die Oxydation einleiten und beschleunigen. Der Oxydationsprozeß tritt nicht sofort ein, da die in den Zellen unter Hochdruck eingeschlossene Kohlensäure als Antioxidiermittel wirkt; sobald sie aber freigesetzt wird, kann sie diese Funktion nicht mehr ausüben. Ziel der Verpackung ist also die Vereinfachung des Transports und die Verlängerung der Haltbarkeit (*shelf life*, d. h. des Lebens im Regal) des Kaffees. Es gibt Verpackungen, die nur für die erste Aufgabe bestimmt sind, d. h. Aufbewahrung unter Standardbedingungen, in Säcken oder Schachteln, wo gasförmige Stoffe eindringen und auch entweichen können, da keine Verschlußdichte besteht. Um eine optimale Aufbewahrung des Kaffeeguts zu gewährleisten, muß modernste Verpackungstechnologie angewandt werden.

Drei Verpackungsarten eignen sich speziell für diesen Zweck. Erstens die Vakuumverpackung, wozu Metalldosen oder auch Tüten zählen. Nach der Füllung mit Kaffee wird die Luft aus den Behältern gepreßt und diese werden dann luftdicht verschlossen. Die Kohlensäure und ein Großteil der flüchtigen Aromastoffe werden zwar zusammen mit der Luft aus der Verpackung abgesaugt (wenn Bohnen verpackt werden, müssen diese vorher entgast werden), aber es kann dafür keine Luft in das Verpackungsinnere dringen. Dieses Verpackungssystem wird vor allem für gemahlenen Kaffee vorgezogen, da

Unten: Zellen von gerösteten Kaffeebohnen, die ohne besondere Maßnahmen gelagert wurden und andere von geröstetem und mit Überdruck behandeltem Kaffee. Im letzteren Fall kann man deutlich die an den Zellwänden haftenden Fettstoffe (hell) erkennen: diese Öle verzögern die Verflüchtigung der in den Zellen vorhandenen Aromastoffe. Im ersten Fall trifft das aber nicht zu, da die Öle im Zellinneren verbleiben. Beide Kaffeeproben wurden am selben Tag geröstet, aber Qualität und Aromagehalt der zweiten sind nach der Lagerzeit wesentlich höher.

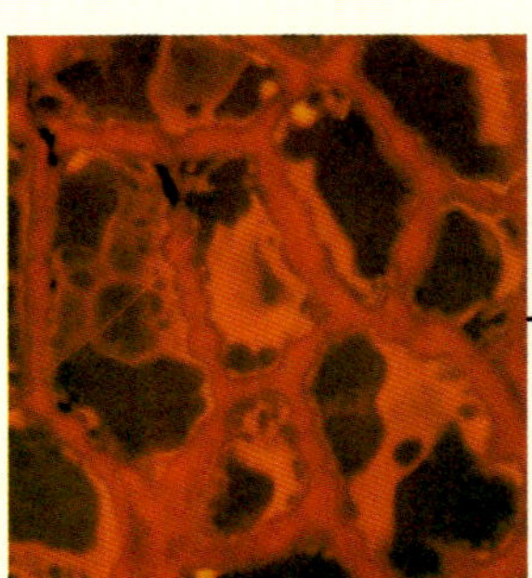

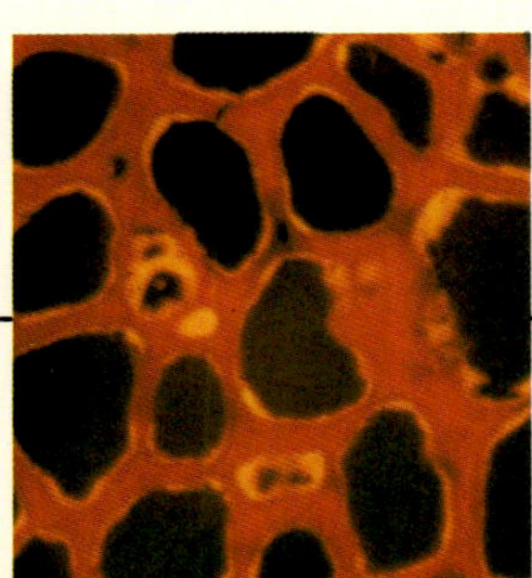

ORIGINAL

das Produkt mindestens drei Monate seine Eigenschaften behält. Das zweite Verpackungssystem sieht die Anwendung von Behältern (Tüten oder Dosen) vor, an denen ein Einwegventil angebracht ist: die sich im Kaffee bildenden Gase können entweichen, aber es kann keine Außenluft eindringen. Bevor der mit der Mischung gefüllte Behälter versiegelt wird, kann mit trägen Gasen (Stickstoff oder Kohlensäure) ein Vakuum erzeugt werden. Aber auch ohne diese zusätzlichen Maßnahmen kann der so verpackte Kaffee (meistens in Bohnen) über ein Jahr gelagert werden. Die anfänglich im Behälter miteingeschlossene Luft wird langsam durch die vom Kaffee erzeugten Gase (15-20 Liter pro Kilo) ausgestoßen und stellt somit keine Gefahr für die Qualität des Inhalts dar. Im Vergleich zur Vakuumverpackung hat dieses System den Vorteil, daß anfänglich nur eine geringe Menge an Aromastoffen entweichen kann. Das dritte Verpackungssystem arbeitet mit einem Überdruckverfahren: Der Kaffee wird unter Inertgasdruck verpackt. Dazu braucht man vor allem luftdichte, hochresistente Behälter (meistens aus Metall); sobald der Kaffee eingefüllt ist, wird das Vakuum geschaffen; die abgesaugte Luft wird durch die Zufuhr von Niederdruckinertgas kompensiert und die Packung luftdicht verschlossen. Über ein Sicherheitsventil kann der Überdruck, der durch die Kaffeegase in der Packung entsteht, entweichen. Dank dieses Systems bleiben die Bohnen ständig unter Druck, was zwei Vorteile mit sich bringt: erstens die lange Haltbarkeit (über drei Jahre, da die Kaffeezellen stets Kohlensäure enthalten, aber im Behälter keine Luft vorhanden ist) und zweitens der Erhalt der flüchtigen Aromastoffe, die mit der Zeit an den Fettstoffen anhaften, die die Zellwand verkleiden. Dieses Detail ist vor allem für die Zubereitung des italienischen Espresso wichtig, da nur mit dieser Methode die Fettstoffe emulgiert werden können, die dem Täßchen Kaffee sein unverwechselbares Aroma verleihen. Mischungen können, wie wir gesehen haben, aus Bohnen oder auch gemahlenem Kaffee bestehen: Kaffeekenner ziehen im allgemeinen ganze Bohnen vor, da sie auch deren Aussehen zu würdigen wissen; außerdem bewahren die Kaffeebohnen für längere Zeit unverändert ihre Geschmacks- und Geruchseigenschaften.

Auf den vorhergehenden Seiten: Kaffeesitten und Gebräuche in alten Zeiten: So wurde damals zu Hause der Kaffee geröstet, gemahlen und zubereitet. *Unten:* Einige Packungen der dreißiger Jahre; schon damals wurde der Kaffee im Überdruckverfahren verpackt. Francesco Illy hat als erster das System der Verpackung mit Inertgasdruck studiert, das sich am besten für Espresso-Mixturen eignet. Nur der hohe Wasserdruck der Espressomaschine ermöglicht die Emulsion der Aromaöle, die auf diese Weise mit in die Tasse gelangen. *Rechts:* Eine Abbildung aus einem alten französischen Lexikon, die die ganze Lebensgeschichte des Kaffees, von der Pflanze bis zum fertigen Getränk, darstellt.

HISTOIRE INDUSTRIELLE.

LE CAFÉ.

Série Encyclopédique des Leçons de choses illustrées.

Le Caféier est un bel arbrisseau toujours vert. Ses feuilles ressemblent à celles du laurier : il produit des fruits rouges semblables à des cerises, et contenant deux noyaux qui sont les grains de Café. Ses fleurs ressemblent à celle du jasmin blanc et ont une odeur délicieuse.

Le Caféier pousse à Java, aux Indes, au Brésil, aux Antilles, etc. Le même arbre portant à la fois fleurs et fruits, la récolte se fait pour ainsi dire de manière continue, mais surtout en mai. Des nattes sont étendues sous les arbres qu'on secoue pour faire tomber les fruits mûrs.

Les fruits sont portés sous des meules qui écrasent la pulpe dont les noyaux ou grains de Café sont entourés. Les grains sont alors mis dans des sacs et chargés sur des navires à destination d'Europe. Le Café compose ainsi le chargement d'une quantité de navires du plus fort tonnage.

Le Café est débarqué dans les ports de mer d'Europe, dont voici les cinq plus grands marchés : Le Hâvre, Londres, Amsterdam, Anvers et Hambourg. De là, les chemins de fer répandent la précieuse denrée sur le continent dans toutes les directions.

Le Café arrive alors chez les marchands en gros: une quantité considérable des Cafés des meilleures plantations est expédiée directement à l'usine **Trébucien, 25** avenue de Vincennes, à Paris, dans laquelle on prépare le célèbre **Café des Gourmets** que le monde entier connaît.

Là, dans d'immenses magasins où les Cafés sont entassés, on procède au mélange des différentes sortes pour unir la force des unes au goût délicat des autres. Ce mélange fait dans des proportions longtemps étudiées permet d'utiliser les qualités spéciales des Cafés de chaque provenance.

Le Café mélangé est versé dans des trémies d'où il tombe dans les appareils à *torréfaction* par des conduites en tôle qui mesurent mécaniquement la quantité *nécessaire* pour chaque brûloir mû à la vapeur et tournant régulièrement dans de grands fourneaux où les grains de Café sont uniformément torréfiés.

Pour éviter l'évaporation de leur arôme, les grains de Café sont *enrobés* d'une couche mince mais continue de sucre caramélisé par la vapeur, puis refroidis brusquement sur de longues tables métalliques : Cet *enrobage* et ce brusque refroidissement empêchent toute évaporation. Le Café passe alors aux moulins qui le réduisent en poudre.

Le Café moulu arrive immédiatement aux ouvrières qui le pèsent exactement et en remplissent des boîtes de fer blanc contenant 250 ou 500 grammes. Dans ces boîtes hermétiques, le Café conserve indéfiniment son arôme. Puis, d'autres ouvrières collent les Etiquettes sur les boîtes et les portent au Magasin.

On emballe alors le **Café des Gourmets** dans des caisses destinées à tous les pays du Monde, même aux pays qui l'ont produit : car le **Café des Gourmets** est connu partout; la torréfaction spéciale du Café par les procédés de la Maison **Trébucien** est une industrie absolument française dont l'équivalent n'existe nulle part.

Des camions portent enfin le **Café des Gourmets** à toutes les gares pendant que des voitures plus légères portent chaque jour aux Epiciers de Paris et des environs les quantités dont ils ont besoin. Chaque jour, plus de 4000 kil. de **Café des Gourmets** se répandent ainsi dans toute la France.

Chez tous les épiciers, les acheteurs qui en ont une fois goûté, ne veulent plus que du **Café des Gourmets** dont, depuis 25 ans, la qualité reste invariable. Ils ont bien soin de s'assurer que c'est du véritable **Café des Gourmets** qu'on leur donne, car les contrefacteurs sont nombreux, et quoique toujours condamnés, ils ne se découragent pas.

Le public doit enfin apprendre ce que certains fabricants peu scrupuleux lui vendent comme du Café : la santé publique y est intéressée, et il faut une bonne fois que l'on sache quelles drogues abominables certaines concurrences osent vendre vis-à-vis du **Café des Gourmets** qui, lui, appelle l'examen de tous.

Aussi boit-on trop souvent, hélas! à la place de Café des décoctions atroces qui n'en contiennent guère! Le goût détestable et les propriétés malfaisantes de ces drogues malpropres pourraient être évités par les consommateurs, si, au lieu d'acheter leur Café au hazard, ils prenaient constamment et uniquement du **Café des Gour-**

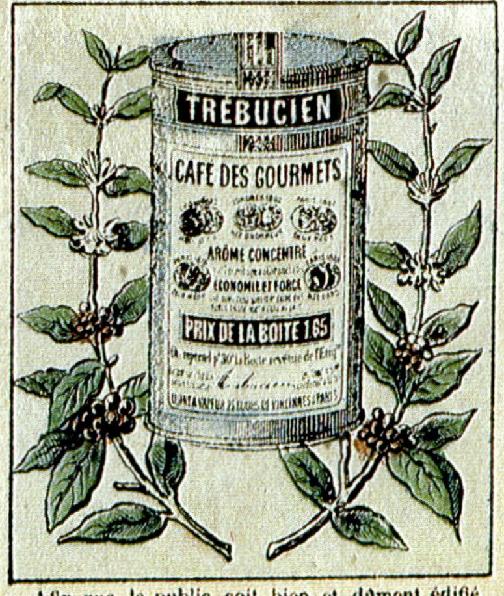

Afin que le public soit bien et dûment édifié, voici la boîte du **Café des Gourmets** telle que le public doit l'acheter et l'exiger. Ces boîtes ainsi scellées au nom de la maison **Trébucien** ne contiennent que des Cafés de choix torréfiés dans les meilleures conditions, avec l'enrobage préservatif et conservateur de l'arôme indiqué sur les Eti-

Aussi les consommateurs du **Café des Gourmets** sont-ils de plus en plus nombreux et ils lui trouvent toujours le goût exquis et le parfum agréable qui ont fait sa réputation. La production de l'usine **Trébucien** augmente sans cesse, et elle représente déjà à elle seule plus de la 50e partie de la consommation totale du Café en France.

DIE GESCHICHTE DES KAFFEES

Mensch und Kaffee, so scheint es, gehörten schon immer zusammen. Es ist wirklich schwierig festzustellen, ob der Mensch oder der Kaffeestrauch als erster auf der Erde aufgetaucht war, und nicht wenige sind der Meinung, daß dem letzteren diese Ehre gebührt. Auch geographisch gesehen gibt es überraschende Analogien: Die ältesten Überreste des *Homo Sapiens* wurden in Mittel-Ost-Afrika aufgefunden, und die ersten *Coffea-Pflanzen* wurden nicht weit davon entfernt in der äthiopischen Region Kaffa entdeckt. Sollte das nur Zufall sein? Auch wenn der zeitliche und geographische Ursprung nahe beieinander liegen, so kreuzen sich dennoch die Wege des Menschen und des Kaffees erst sehr viel später, obwohl die Entdeckung des Kaffees noch nicht zur geschriebenen Geschichte gehört. Verschiedene Legenden werden überliefert, aber nur zwei davon sind allerorts bekannt. Die erste erzählt von dem Ziegenhirten Kaldi, der seine Herde auf den Hochplateaus Äthiopiens weidete und dabei bemerkte, daß seine Schützlinge besonders angeregt und munter wurden, wenn sie an den Blättern und Beeren bestimmter Sträucher knabberten. Nun war er neugierig geworden, wollte es selbst versuchen und entdeckte dabei die stimulierende und kräftigende Wirkung dieser »Zauberbeeren«, die er schleunigst in ein naheliegendes Kloster brachte, dessen Mönche aber diese als Versuchung des Teufels fürchteten und sie deshalb ins Feuer warfen. Aus den Flammen stieg aber der paradiesische, betörende Duft auf, der die Mönche dazu veranlaßte, den Kaffee sofort aus dem Feuer zu retten. Bald lernten es die geistlichen Herren, das schwarze, warme Getränk zu brauen, das wir alle kennen und das sie als Geschenk des Himmels betrachteten, weil es ihnen half, während der stundenlangen Gebete nicht einzuschlafen. Die zweite Legende ist noch stärker von göttlicher Hand geprägt: Der Erzengel Gabriel, welcher dem während des Gebetes vom Schlafe überwältigten Mohammed zu Hilfe eilte, brachte ihm direkt vom Himmel etwas Kaffee zur Ermunterung. Nach nur wenigen Schlucken fühlte sich Mohammed so munter, daß er »vierzig Männer aus dem Sattel warf und vierzig Frauen beglückte«. Diese Legenden zeigen aber auch, daß der Kaffee lange Zeit ganz anders konsumiert wurde, als wir das heute gewöhnt sind. Anfänglich wurden die Beeren gegessen, erst dann wurde man auf die Kerne aufmerksam, die entfleischt, zerstoßen und anschließend mit Tierfett verknetet wurden, um sie auf Wanderungen leichter verzehren zu können. Anscheinend bereitete man erst 1000 nach Christus mit diesen Kernen einen Absud zu: Die Araber kochten sie in Wasser, zuerst aber noch die grünen Kerne, bis sie später dazu übergingen, sie zu rösten und zu mahlen. Die

Seite 104: Eine junge Araberin schickt sich an, ihr Täßchen Kaffee zu trinken; in vielen Erzeugerländern stellt das Kaffeetrinken ein richtiges Ritual dar. *Rechts:* So wird das Ritual in Algerien im Freien *(oben)* gefeiert und in einem von den *qahveh khaneh*, den ersten Kaffeehäusern Konstantinopels *(unten)*.

ND

Bezeichnung »Kaffee« stammt nicht, wie man sicher annehmen möchte, von Kaffa, dem Ursprungsland des Kaffeestrauchs, sondern von dem arabischen Wort *qahwa*, welches Wein, Kaffee und jegliches aus Pflanzen gewonnene Getränk bezeichnet. Nicht eben zufällig wurde der Kaffee, als er am Anfang des 17. Jahrhunderts in Europa eingeführt wurde, auch »arabischer Wein« genannt. Man erzählt, daß die erste Kaffeepartie im Gefolge der Türken in den Westen gelangte: Sie hinterließen mehrere Säcke, als sie fluchtartig die Belagerung Wiens im Jahre 1683 abbrechen mußten. Aus anderen Quellen erfährt man, daß venezianische Kaufleute 1615 zum ersten Mal Kaffee nach Europa einführten. Mit Sicherheit wurden aber Ende des 17. Jahrhunderts die ersten Lokale eröffnet, in denen man das neue Getränk servierte. Rasch verbreitete sich der Konsum in ganz Europa und Amerika. Auch wenn der Kaffeestrauch von den äthiopischen Hochebenen stammt, ist die Verbreitung des Ge-

Oben: Links der türkische Sultan, »Großer Türke« genannt; rechts der Priester Johannes, legendärer Herrscher Äthiopiens. Diese Details stammen aus Seekarten des 16. Jahrhunderts; wahrscheinlich handelt es sich dabei um Karten, die auch von den Schiffskapitänen studiert wurden, die den Kaffee auf der Route Mokha-Venedig transportierten.

tränks den Arabern zu verdanken. Die einheimische Bevölkerung der Regionen, wo der Kaffee wild heranwuchs, verwendete nur die grünen Samen, die manchmal gemahlen wurden. Anfangs deckten sich die Araber in den Ursprungsländern mit dem Rohstoff ein, aber bereits im 14. Jahrhundert begannen sie, die Pflanze selbst anzubauen, die sie von ihren Streifzügen im Jemen mit nach Hause brachten. Einige Forscher nehmen an, daß die Kaffeesamen bereits im 13. Jahrhundert im Jemen bekannt waren, da sie von den Abessiniern bei ihrem Einfall in der Arabischen Halbinsel mitgeführt wurden. Das köstliche Getränk kannten die Araber fast sicher bereits seit dem 10. Jahrhundert oder vielleicht sogar schon früher. Anfänglich bereitete man den aromatischen Trunk zu, indem man die grünen Beeren in kaltem Wasser quellen ließ, erst später verwendete man heißes Wasser zur Kaffeebereitung. Die ersten Röstvorgänge gehen auf das späte 14. Jahrhundert zurück: die gerösteten Samenkerne wurden dann zerstoßen und das Pulver in Wasser gekocht: Im Lauf einiger Jahrhunderte eroberte der betörend duftende Absud die Welt. Nachdem man den Röstprozeß entdeckt hatte, verbreitete sich der Kaffee schnell in allen islamischen Ländern und Gebieten unter arabischem Einfluß. Er wurde zu Hause getrunken, aber auch in den *qahveh khaneh*, den Vorfahren der heutigen Cafés, deren Anzahl mit der immer größeren Beliebtheit des Getränks zunahm, sicherlich auch wegen des vom Koran auferlegten Alkoholverbots. Auch im Familienleben spielte der Kaffee eine bedeutende Rolle. Anfangs standen die Frauen dem neuen Modegetränk mißtrauisch gegenüber, eigentlich nicht so sehr wegen seines eigenartigen Geschmacks, sondern vielmehr wegen des stimulierenden Effekts, den es auf ihre Männer ausübte. Recht bald lernten auch die Frauen das Getränk schätzen. Der Kaffee wurde sogar als einer der häufigsten Gründe bei Ehetrennungen genannt, da sich die Ehemänner weigerten, ihn ihren Frauen zu beschaffen. Der Kaffeekonsum verbreitete sich nicht nur in ganz Arabien, sondern auch in den von den Arabern eroberten Ländern, auf dem Balkan, in Spanien, Indien, Nordafrika und in der Türkei. Um der wachsenden Anfrage gerecht zu werden, wurden die Anbaugebiete im Jemen ausgedehnt; die Araber waren stets darauf bedacht, ihre Monopolstellung im Anbau zu konsolidieren, was ihnen aber nur für kurze Zeit gelang, da bald fruchtbare Samen, die man sehr einfach auch bei den strengsten Kontrollen verbergen konnte, in die Nachbarländer geschmuggelt wurden, wo sie dann zu kräftigen Kaffeepflanzen heranwuchsen. In Arabien, der Wiege der Kaffeetradition, entwickelte sich also nicht nur der Anbau, sondern auch der Konsum dieses neuen Produkts;

Eine alte Darstellung eines Straßenverkäufers, der den »Wein Arabiens«, wie der Kaffee zu Beginn in Europa genannt wurde, feilbietet. Die für arabische Länder typische Sitte, den wohlduftenden, aromatischen Trunk auf der Straße zu verkaufen, verbreitete sich anfangs auch in Paris, wenigstens so lange bis das erste Kaffeehaus eröffnet wurde, wo man bequem an einem Tischchen sitzen und den Kaffee genießen konnte.

Residenza Imperiale
da Cristiani
Leopoldina
Turichi Per Impedir
Turichi
Verso La Citta
28 Il. Padiglion del Gran Visir

beide erreichten dann im Laufe der Jahrhunderte ferne Länder und Völker. In Europa war der Kaffee seit dem 16. Jahrhundert bekannt, aber nur dem Namen nach. Viel wurde über ihn von den zahlreichen Reisenden erzählt, die aus dem Orient zurückkehrten. Die bekanntesten Berichte stammen von Prospero Alpino, der in seinem *De Plantis Aegypti* aus dem Jahre 1592 ausführlich die Kaffeepflanze beschrieb, und von Pietro della Valle, der uns hingegen die im Orient weitverbreiteten Gepflogenheiten des Kaffeetrinkens genauestens übermittelte. Anfang des 17. Jahrhunderts waren die grünen Kaffeebohnen noch nicht in den Westen gelangt. Die meisten Geschichtsforscher stimmen darin überein, daß die erste

Auf den vorhergehenden Seiten: Die Belagerung Wiens während des großen türkischen Kriegs 1683-1699. Das Bild von Frans Greffel befindet sich im Museum für Geschichte in Wien. Die Wiener haben die Entdeckung der berauschenden Kaffeebohnen gerade den Türken zu verdanken. *Oben:* Diese Illustrationen stellen einige Phasen der langen Reise des Kaffees von den Anbauländern in die Verbraucherländer dar.

Einfuhr nach Europa durch venezianische Handelsleute auf das Jahr 1615 zurückgeht. Der Niedergang der wirtschaftlichen Macht Venedigs hatte bereits im 16. Jahrhundert seinen Anfang genommen: Die Portugiesen bedrohten die Vorherrschaft der *Serenissima* im Gewürzhandel, und Engländer und Holländer, die in Venedig anlegten, machten den venezianischen Schiffen und Kaufleuten starke Konkurrenz. Da diese aber das verlorene Terrain so bald als möglich zurückerobern wollten, nutzten sie ihre guten Beziehungen zu den Arabern – die damals noch das Monopol der Kaffeeproduktion hatten –, um neue ertragreiche Handelsgeschäfte aufzubauen. Die Kaffeebohnen wurden im Hafen von Mokha verschifft und dann vom Hafen in Venedig direkt an die Apotheken verteilt, die sie als Arzneimittel verkauften, waren doch in erster Zeit vor allem die therapeutischen Eigenschaften des Kaffees bekannt. Bald aber, bereits im Jahre 1624, lernten die Venezianer, den Kaffee

Die Kaffeepflanzen wuchsen schon immer wild auf den abessinischen Hochebenen. Die Araber verarbeiteten als erste die Kaffeesamen: Anfangs kneteten sie sie mit Fettstoffen zu Kügelchen, dann kochten sie sie in Wasser und brauten einen Absud; erst Ende des 14. Jahrhunderts, als sie gelernt hatten, die Bohnen zu rösten, entstand das aromatische Getränk, das uns überliefert wurde.

zu rösten und das aromatische Getränk zu brauen. Zur raschen Verbreitung – schon ab 1645 – trugen hauptsächlich die *Botteghe del Caffè*, die sogenannten Kaffeeläden bei, die ursprünglich *Botteghe delle Acque e dei Ghiacci*, d. h. Wasser- und Eisläden genannt wurden, da man dort mit Wasser verdünnte und eisgekühlte Getränke kaufen konnte. Während in Venedig die Kaffeegewohnheiten, sei es zu Hause wie in den Kaffeeläden, immer stärker Fuß faßten, entwickelte sich die Kaffeenachfrage auch in anderen europäischen Ländern. So wurde die Lagunenstadt zur Rohstoff-Versorgungsquelle für die benachbarten Länder, besonders für die deutschen Lande. Am *Fondaco dei Tedeschi*, dem deutschen Warenlager Venedigs, das heute noch in der Nähe der Rialto-Brücke besteht, wurde der aus Arabien eingeschiffte Kaffee ausgeladen, gelagert und manchmal sofort geröstet, um dann ins Ausland verfrachtet zu werden. Die ersten Kaffeeläden Venedigs waren inzwischen zu eleganten Lokalen geworden, die ein reiches Sortiment anboten. Die Beliebtheit dieser geselligen Treffpunkte war groß, gab es 1759 in ganz Venedig doch bereits 206 davon, 30 allein auf dem Markusplatz. Dank der Komödie *La bottega del caffè* (Carlo Goldoni, 1750) können wir auch heute noch die damals herrschende Kaffeehaus-Atmosphäre nacherleben. Das Verdienst der ersten Kaffeeimporte aus Arabien und der Verbreitung des Kaffeekonsums in Europa gebührt den Venezianern, die fast ein ganzes Jahrhundert, bis Anfang des 18. Jahrhunderts, darum kämpften, ihre Vorrangstellung im Kaffeehandel nicht zu verlieren. Den Holländern ist aber der Kaffeeanbau außerhalb der arabischen Länder zu verdanken, die bis Mitte des 17. Jahrhunderts ihr Monopol verteidigen konnten: Sie rösteten oder brauten den Kaffee, bevor sie ihn an Fremde weiterverkauften und setzten alles daran, die Kaffee-Erzeugung in anderen Ländern zu verhindern. Die arabische Monopolstellung war aber bereits durch einen Pilger namens Baba Budan Anfang des 17. Jahrhunderts bedroht worden, dem es gelungen war, aus Mekka sieben fruchtbare Samen herauszuschmuggeln und diese nach Indien in das Gebiet von Mysore mitzunehmen, wo er schließlich Plantagen anlegte. Den Holländern gelang es Mitte des 17. Jahrhunderts, in den Besitz einiger Setzlinge zu kommen, die dann mit größter Sorgfalt und mit Bangen in den Gewächshäusern des Botanischen Gartens von Amsterdam hochgezogen wurden. Von dort gelangten einige Exemplare in die holländischen Kolonien Ostindiens, und im Jahre 1699 baute man den Kaffee zum ersten Mal versuchsweise auf Java und Sumatra an. Die Pflanzen wuchsen und gediehen rasch in dem günstigen Klima Ostindiens, so daß innerhalb von wenigen Jah-

In einem französischen Buch aus dem Jahre 1716 mit dem Titel *Reise ins glückliche Arabien* wird von einer Expedition vom Hafen von Mokha an den Hof des Königs von Jemen erzählt, einem der ersten Länder, in denen sich der Kaffeeanbau entwickelte. Es ist also nicht verwunderlich, daß im Buch vor allem der Ursprung und die Entwicklung des neuen Getränks Beachtung finden, das sich gerade zu jener Zeit auch in Frankreich stark verbreitete.

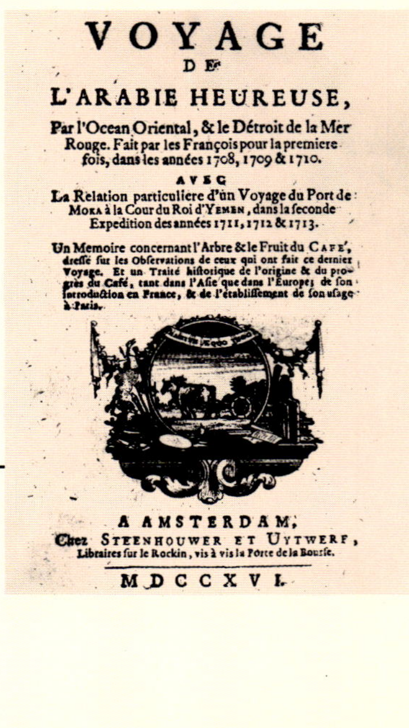
VOYAGE

DE

L'ARABIE HEUREUSE,

Par l'Ocean Oriental, & le Détroit de la Mer Rouge. Fait par les François pour la premiere fois, dans les années 1708, 1709 & 1710.

AVEC

La Relation particuliere d'un Voyage du Port de Moka à la Cour du Roi d'Yemen, dans la seconde Expedition des années 1711, 1712 & 1713.

Un Memoire concernant l'Arbre & le Fruit du Café, dressé sur les Observations de ceux qui ont fait ce dernier Voyage. Et un Traité historique de l'origine & du progrès du Café, tant dans l'Asie que dans l'Europe; de son introduction en France, & de l'établissement de son usage à Paris.

A AMSTERDAM,

Chez Steenhouwer et Uytwerf,

Libraires sur le Rockin, vis à vis la Porte de la Bourse.

MDCCXVI.

ren die holländischen Kolonien dank der Ostindischen Kompanie die ersten Kaffeelieferanten Europas wurden; Amsterdam hingegen wurde zum bedeutendsten Umschlagplatz für Kaffeewaren. Der Preis des Rohkaffees wurde von holländischen Kaufleuten bestimmt, die auch nicht zögerten, einen Teil der Ernte zu vernichten, wenn wegen der Überproduktion eine Preissenkung drohte. Die Niederländer beschränkten sich aber nicht nur auf Produk-

La bottega del caffè ist nicht nur der Titel einer der bekanntesten Komödien Goldonis, sondern auch jener des hier oben abgebildeten Ölgemäldes eines unbekannten Meisters, das zur Sammlung der Banca Cattolica del Veneto in Vicenza (Italien) gehört. Die ersten venezianischen Lokale, wo man Kaffee servierte, wurden *Botteghe delle Acque e dei Ghiacci* (Wasser- und Eisläden) genannt, da dort unter anderem mit Wasser verdünnte und eisgekühlte Getränke verkauft wurden; erst später ging man auf die Benennung *Botteghe del caffè* (Kaffeeladen) und dann ganz einfach auf den Namen *Caffè* (Café) über.

tion und Handel, sondern wurden bald selbst zu Konsumenten. Tee und Kaffee standen in der Beliebtheitsskala ganz oben. In Europa hatten beide Getränke leidenschaftliche Anhänger. Um dem Streit, welches nun das bessere Getränk sei, ein Ende zu setzen, beauftragte der schwedische König Gustav III. einen Arzt, einen Versuch mit einem Zwillingspaar durchzuführen: ein Zwilling sollte ausschließlich Kaffee, der andere nur Tee trinken. Ziel des Versuchs war es, eventuelle schädliche Auswirkungen auf die Gesundheit festzustellen. Es starben der König und auch der Arzt, und dann im hohen Alter von 83 Jahren – einige Jahre vor seinem Zwillingsbruder – der teetrinkende Zwilling; der Streit endete mit dem Freispruch beider Getränke. Im Gegensatz zu den Venezianern sahen die Holländer keine Notwendigkeit, eigene Lokale für das Kaffeetrinken einzurichten: sie zogen es vor, den Kaffee genüßlich in ihren Häusern zu trinken, festigten auf diese Weise die Familienbande und legten keinen Wert darauf, neue gesellschaftliche Beziehungen anzuknüpfen, wie es hingegen in den venezianischen Cafés der Fall war. Der Kaffee gewann im Wirtschaftsleben und in den Konsumgewohnheiten der holländischen Bevölkerung rasch an Bedeutung. Man war stolz auf die Produktion in den Kolonien und auf ihre Vormachtstellung im Handel, bemühte sich aber nicht um die Erhaltung des europäischen Monopols auf Kolonialwaren. Dies kann man auch daraus ersehen, daß schon im Jahre 1714 der Bürgermeister von Amsterdam dem französischen König Ludwig XIV. einen Kaffeesetzling als Geschenk überreichte. Dem Franzosen waren die Vorzüge des himmlischen Getränks schon seit längerem bekannt. Es wurde am Hofe getrunken, und man erzählte sich, daß die Beigabe von Zucker sogar eine Idee einer seiner Kurtisanen gewesen sei. Auch das französische Volk wußte damals den Kaffee bereits vollauf zu genießen, der gewaltige Verbrauch ließ den Preis maßlos nach oben schnellen. Die Kaffeepflänzchen wurden deshalb liebevoll in den Gewächshäusern von Versailles betreut. Während eines Aufenthaltes in der abendländischen Heimat im Jahre 1723 bat Kapitän Gabriel de Clieu, dessen Garnison in den französischen Kolonien auf Martinique stationiert war, um die Erlaubnis, einige Exemplare mit auf die fernen Inseln nehmen zu dürfen, was ihm auch gewährt wurde. So begann die Reise des Kaffees in die Neue Welt, wo er eine stärkere Verbreitung fand als auf den anderen Kontinenten. Das Debüt des Kaffees in der Geschichte Amerikas kann wirklich als abenteuerlich bezeichnet werden, da Gabriel de Clieu bei seinem Vorhaben Tausende von Schwierigkeiten und Schicksalsschlägen zu überwinden hatte. Das Segelschiff mit den jungen Kaffeepflanzen

Die ersten *qahveh khaneh*, die in Konstantinopel im 16. Jahrhundert eröffnet wurden, wurden sogleich zum geselligen Treffpunkt: man führte Konversation, amüsierte sich, schloß Geschäfte ab, hörte Musik oder nahm an gelehrten Diskussionen teil. Damals schon bildete sich jenes enge Band zwischen Kaffee und Kultur, das auch heute noch die historischen Cafés kennzeichnet, welche die Jahrhunderte überlebt haben.

mußte gegen heftige Stürme und tagelange Windstille kämpfen, und sogar das Wasser mußte rationiert werden. Aber der tapfere Kapitän versorgte seine Pflanzen mit seiner eigenen Wasserration, die er sich selbst vom Munde absparte, so daß sie heil und unversehrt nach Martinique gelangten. Gleich wurden sie in die Erde gepflanzt, gediehen bestens und wuchsen nach wenigen Jahren so üppig, daß im Jahre 1777 auf der Insel bereits 18-19 Millionen Kaffeepflanzen gezählt wurden. Mit der Ernte konnte man bereits drei Viertel des europäischen Bedarfs decken. In denselben Jahren verbreiteten auch die anderen Länder der Alten Welt den Kaffee in ihren Kolonien: Die Spanier in Westindien und die Engländer, die lange nicht an den Reichtum der neuen Plantagen glauben wollten, auf Jamaika im

Auch diese alte Darstellung aus dem Museum Jacobs-Suchard in Zürich verrät die typische, spielerisch-kulturelle Atmosphäre der ersten Cafés. Die Türken haben uns die Zubereitung des Kaffeegetränks nach der Siedemethode überliefert; deshalb spricht man auch von »türkischem Kaffee«. Rechts kann man einen Mann erkennen, der den türkischen Kaffee in den traditionellen *ibrik* gießt.

Jahre 1730 und in Indien 1740. Von Martinique aus erreichten die Kaffeepflanzen bald auch das amerikanische Festland, und zwar zu allererst Guayana, das für kurze Zeit von den Franzosen beherrscht wurde. Wer im Besitze der begehrten Pflanze war, versuchte natürlich, diese zu verteidigen, um potentielle Konkurrenten auszuschalten. Einem Portugiesen, einem gewissen Francisco de Melo Palheta, gelang es aber dank seiner Galanterie, an einige Setzlinge heranzukommen und diese mit nach Brasilien zu nehmen, wo die größten Kaffeeplantagen der Welt entstanden. Man erzählt, daß er sich die Gunst der Gattin des Gouverneurs von Guayana erobert hatte und diese ihm 1727 zum Abschied, vor seiner Rückkehr ins Heimatland, einen Strauß Blumen überreicht hatte, worin sie geschickterweise einige Kaffeepflanzen verborgen hatte. Auch diese romanhafte Erzählung gehört zu den Legenden, die sich um den Kaffee ranken. Über das darin erwähnte Datum läßt sich streiten: Noch heute ist man sich in Brasilien über den ersten Kaffeeanbau nicht einig: Geht er auf das Jahr 1726 (d. h. vor dem Abenteuer Palhetas) oder auf das Jahr 1735 zurück? Eines ist aber sicher: In Brasilien fanden die Pflanzen idealen Boden und ideales Klima; dieses Land war dazu bestimmt, erster Kaffeeproduzent der Welt, und der Kaffee die erste Ertragsquelle des Landes zu werden. Der Name des bekanntesten brasilianischen Produkts, Santos, stammt von Alberto Santos-Dumont. Alberto war einer der ersten Flugpioniere und wurde wegen fünf Millionen Kaffeepflanzen auf seinem Großbesitz »Kaffeekönig« genannt. In den Jahren nach der Einführung in Brasilien verbreitete sich der Kaffeeanbau auch in anderen Ländern Mittel- und Südamerikas: im Jahre 1740 in Mexiko, 1784 in Venezuela, aber erst Ende des Jahrhunderts in Kolumbien, heute das zweite Kaffeeanbauland der Welt. Als Konsumware gelangte der Kaffee aber

schon früher als die von de Clieu verschiffte Pflanze in die Neue Welt, und zwar etwas nördlicher, nach New Amsterdam. Man schrieb das Jahr 1660. Nur vier Jahre später eroberten die Engländer diese Stadt und tauften sie in New York um. Die Kaffeegewohnheiten waren bereits stark in den obersten Schichten der Bevölkerung verwurzelt. Die unteren Gesell-

Links: Der Besitzer einer Kaffeeplantage Anfang des Jahrhunderts ist bei der Ernte der Kaffeekirschen anwesend. Um die höchsten Äste zu erreichen, die bei unbeschnittenen Bäumen sogar 10 m Höhe erreichen können, müssen die Einheimischen Leitern verwenden. *Oben:* Kapitän Gabriel de Clieu, dem das Verdienst zugeschrieben wird, die ersten Jungpflanzen nach Amerika gebracht zu haben, betreut liebevoll einen seiner kostbaren »Passagiere« während der langen Seeüberfahrt.

schaftsschichten zogen noch den Tee vor, aber diese Hegemonie sollte nur mehr von kurzer Dauer sein.
1773 belastete der englische König George III. das Produkt mit hohen Steuern, was einen sofortigen Aufstand der empörten Bevölkerung der Kolonie zur Folge hatte; während der Erhebung stürmten die Bürger Bostons die englischen Schiffe und warfen den Tee über Bord: dieses Ereignis ist unter dem Namen *Boston Tea Party* in die Geschichte eingegangen. Neben den allgemein bekannten Folgen für die amerikanische Geschichte bewirkte diese Steuer auch eine Wende in der Kaffeeverbreitung: Innerhalb von wenigen Jahren wurde der Kaffee das Nationalgetränk der neuen Vereinigten Staaten und ist es bis heute geblieben.

Die Kaffeerouten

Seit der Kaffeekonsum auch in den Ländern anstieg, die von den Erzeugerländern weit entfernt sind, hat man sich für den Transport des Rohguts der Schiffe bedient. Das älteste Dokument, in dem die lange Reise des Rohkaffees beschrieben wird, ist wahrscheinlich der Pariser *Mercure Galant*, der 1696 von Gedda als dem ersten Verladehafen für die in der Nähe von Mekka angebauten Bohnen sprach. Zweite Anlegestelle war Suez, wo die Ware gelöscht wurde, um mit Karawanen bis nach Alexandria befördert zu werden. Im dortigen Hafen warteten bereits die venezianischen und französischen Schiffe auf das Frachtgut, die es nach Venedig bzw. Marseille transportierten. Die erste bedeutende Kaffeeroute führte mit Sicherheit durch das östliche Mittelmeer, wo

Auf einem Stich von M. Th. Bray sind die Veredelungsvorgänge des Kaffees auf Suriname (Holl. Guayana) dargestellt. Heutzutage wird ein Großteil der Verarbeitung maschinell durchgeführt, trotzdem sind zur Erzeugung eines Sacks Kaffee noch viele Stunden Handarbeit erforderlich.

venezianische, französische, aber auch englische und holländische Handelsschiffe verkehrten. Als zu Beginn des 18. Jahrhunderts die Holländer die ersten Plantagen auf Java und Sumatra anlegten, ergänzten die Schiffe auf der Route des Fernen Ostens ihre Ladungen mit dem kostbaren Kolonialgut. Die neue Route war viel länger und gefahrenreicher, da der ganze schwarze Kontinent und vor allem das Kap der Guten Hoffnung umschifft werden mußten. Ungefähr in denselben Jahrzehnten wurden neue Routen von Mittel- und dann auch Südamerika aus erschlossen, die es den Europäern und später auch den Nordamerikanern ermöglichten, die auf Martinique, in Guayana, Brasilien, Jamaika, Mexiko und in den anderen Tropenländern erzeugte Kaffeeproduktion zu importieren. All diese Länder hatten sich für den Anbau des »grünen Goldes« entschieden. Auf den Routen nach dem Fernen Osten segelten vor allem holländische, englische, spanische und portugiesische Schiffe, auf denen nach Amerika französische, englische und portugiesische. In den letzten drei Jahrhunderten hatte der Kaffeeanbau in über 70 Ländern Fuß gefaßt, wo das tropische Klima ganz besonders das Wachstum der Kaffeesträucher begünstigt. Zu den alten Routen des Mittleren und Fernen Ostens und Mittel- und Südamerikas kamen im Laufe der Zeit noch jene Ost- und Westafrikas hinzu, um die Produktion der bedeutendsten Erzeugerländer wie Äthiopien, Kenia, Tansania und Madagaskar einerseits sowie der Elfenbeinküste, Kameruns und Zaires andererseits in die Verbraucherländer zu transportieren. Obwohl die

Oben: Auf der Lithographie von Thierry Freres bieten Kaffeehändler ihr Erzeugnis auf den Straßen der Stadt an. *Links:* Eine südamerikanische Frau zeigt stolz ihren Korb mit frischgepflückten Kaffeekirschen. In diesen Gebieten verbreitete sich zuerst die Methode der »nassen Aufbereitung« zur Herstellung des sogenannten »gewaschenen« Kaffees.

Entfernungen dieselben geblieben sind, konnten dank dem technischen Fortschritt die Transportzeiten erheblich verkürzt werden. Die Segelschiffe des 18. Jahrhunderts sind inzwischen durch die mächtigen Containergiganten abgelöst worden, die in weniger als zwei Wochen die Kaffeesäcke aus Amerika nach Europa befördern; ein enormer Fortschritt, wenn man bedenkt, daß damals eine Überfahrt lange Monate in Anspruch nahm. Hinzu kommen noch Aspekte wie Zuverlässigkeit und Sicherheit, denn die heutigen supermodernen Frachter fürchten weder Windstille noch Seestürme. Die Eröffnung des Suezkanals war natürlich auch für den Kaffeetransport von unermeßlichem Vorteil, da sich die Schiffe auf den Orient- und Ostafrikarouten das Umfahren des afrikanischen Kontinents ersparten und somit Zeit und Kosten erheblich reduzieren konnten. In letzter Zeit gab es aber auch in der Transportweise große Umwälzungen: die Beförderungskosten, die einst höher waren als der Preis des Kaffeeguts, mußten unbedingt gesenkt werden. So ging man von den traditionellen Pflanzenfasersäcken (Jute oder Sisal), die in den Schiffsbäuchen gestapelt wurden, auf Container über. Diese belud man mit Säcken; um aber Arbeitskosten einzusparen, wird der Rohkaffee jetzt mechanisch in die Container (*full-container*) verladen und ausgeladen. Vorbehalte hinsichtlich einer Qualitätsbeeinträchtigung konnten dank der Belüftungssysteme der Container weitgehend abgebaut werden. Das *Full-Container-System* ist zur Zeit noch nicht stark verbreitet, da es technisch noch nicht ganz ausgereift ist.

Oben rechts: Bei diesem Mahl im Freien durfte natürlich der Kaffee, das amerikanische Nationalgetränk, nicht fehlen. Neben dem Feuer steht die klassische kegelstumpfförmige Kaffeekanne, die die Eroberer des Westens immer begleitete. *Oben links:* So wurden einst die Kaffeekirschen geerntet: zuerst in die Körbe gefüllt und dann am Boden zum Trocknen ausgebreitet. *Rechts:* Bilder aus früherer Zeit von den Erzeugungsorten Mittel- und Südamerikas.

50
50
ALVARES CABRAL
REIS

Eine Herrschaftsvilla im Staat von Rio, Brasilien, aus dem vergangenen Jahrhundert. In dieser Region wird der gleichnamige Kaffee erzeugt, dessen Aroma nach »Arzneimittel« schmeckt und deshalb bei den westlichen Verbrauchern unbeliebt ist. Die Rio-Sorte wird hingegen von der Balkanbevölkerung sehr geschätzt.

Weitere Ansichten der herrlichen brasilianischen Villa: Die Innenräume enttäuschen die Erwartungen keineswegs. *Auf den folgenden Seiten:* Der Hafen von Marseille auf einem Gemälde von Joseph Vernier. Lange war Marseille der einzige Importhafen für das Kolonialgut auf französischem Boden: Von hier wurden die Säcke über Land nach Paris und in die anderen Städte Frankreichs befördert.

North Carolina Glass
GALERIE
HILGER
1010 WIEN · DOROTHEERG
SCHWARZER DRAHT
und das Kunsthistorische Museum
präsentieren:
BEATRICE OST
INTELLIGENCE
KUNSTHANDLUNG JULIUS HUMMEL
BÄCKERSTRASSE 14, A-1010 WIEN
VON 12. FEBRUAR BIS 30. APRIL 1988
ÖFFNUNGSZEITEN: DI-FR 15-18 UHR, SA 10-13 UHR
Das Kind mit dem Bade
DRACHEN
DRACHEN
DRACHEN
DRACHENGASSE 2 THEATER
Wege aus der UMKLAMMERUNG
Naturphilosophie
THEATRE
Psychologie
GALERIE RIEDER
Maximilianstr. 22 · München
Telefon 29 45 17
GEORG EISLER
Zeichnungen für Bücher
Wiener Secession
1010 Wien, Friedrichstraße 12
8. April – 15. Mai 1988
KAMMERTHEATER STOK
7 BIS 30. JA
FR 15-18, SA 1

DIE KAFFEE HAUS KULTUR

Seit die Araber Ende des 14. Jahrhunderts den Röstprozeß und das uns überlieferte schwarze Getränk erfunden hatten, verfolgte der Kaffee gleichsam eine doppelte Laufbahn: eine private und eine öffentliche. Die erste spielte sich im Familienkreis ab, die zweite wurde im Laufe der Jahre durch kulturelle und soziale Ereignisse geprägt.
Die ersten zwei Cafés wurden 1554 in Konstantinopel eröffnet. Da sie großen Erfolg hatten, gab es bald an allen Ecken Cafés. Die *qahveh khaneh* wurden auch »Weisheitsschulen« genannt, denn sie waren beliebter Treffpunkt von Gelehrten und Schriftstellern, die dort unter der berauschenden Wirkung des aromatischen Tranks ihre kulturellen und politischen Auseinandersetzungen ausfochten. In den Cafés konnte man Musik hören, den Fabeln und Legenden der Bänkelsänger lauschen, Schach oder *mancalah*, eine Art Backgammon, spielen, sich unterhalten oder neue Bekanntschaften, oft auch mit Reisenden aus fernen Ländern, schließen. Häufig wurden vor einer dampfenden Kaffeetasse wichtige Verträge abgeschlossen. In den antiken Kaffeehäusern Konstantinopels, den Vorläufern der europäischen Cafés, ging es äußerst lebhaft zu, sie prägten das Bild der Stadt und waren der Anlaß zum wirtschaftlichen und sozialen Aufschwung sowie die Wiege kultureller und politischer Bewegungen. Gerade wegen ihrer Rolle als Treffpunkt der Intellektuellen, deren Tätigkeit von den Herrschern oft als revolutionäre Propaganda ausgelegt wurde, mußten die *qahveh khaneh* dreimal wegen illegaler Aktivität schließen. Aber alle Verbote nützten nichts: Die Bevölkerung beachtete sie nicht, das Kaffeetrinken und das ganze Drumherum gehörte zu den tief eingebürgerten Gewohnheiten, zu einem Ritus des türkischen Daseins.
Als im darauffolgenden Jahrhundert auch in Europa die ersten Kaffeehäuser eröffnet wurden, machte das türkische Modell Schule. Einige phantasiereiche Händler aus dem Orient versuchten den Trank zuerst unter der Bevölkerung der unteren und mittleren Sozialschichten einzuführen; sicher hatten sie dabei an die Beliebtheit des Kaffees in den arabischen Ländern gedacht; aber nachdem weder die Straßenverkäufer noch die bescheidenen Cafés den erhofften Erfolg erzielt hatten, entstanden nach und nach elegante, prunkvolle Kaffeehäuser für eine kultivierte, wohlhabende Kundschaft. So wurde in Venedig, wo man den Kaffee seit dem 17. Jahrhundert in den *Botteghe delle Acque e dei Ghiacci* (Wasser- und Eisläden) servierte, im Jahre 1720 das Kaffeehaus »Caffè alla Venezia Trionfante« eröffnet. Der ursprüngliche Name – vielleicht von dem Wunsch getragen, die Regierenden in der schwierigen militärischen und wirtschaftlichen Lage zu ermutigen oder sich bei ihnen beliebt

Seite 128: In einem Wiener Kaffeehaus genießt ein Gast seinen Filterkaffee. Auch hier viele kulturelle Anregungen: Aufforderungen zum Besuch einer Kunstgalerie oder zur Teilnahme an Ausstellungen und Tagungen. *Rechts:* Ein altes römisches Café. In der italienischen Hauptstadt fand der Kaffee mächtige Befürworter wie Papst Clemens VIII., der den Trank segnete und mit Weihwasser taufte.

N. Bocquet

zu machen – wurde später durch »Caffè Florian«, den Namen seines Gründers Floriano Francesconi, ersetzt. Neben Kaffee wurden auch andere Getränke und Süßigkeiten serviert, den Stammgästen standen außerdem Zeitungen und Zeitschriften für eine angenehme Lesestunde zur Verfügung. Bald wurde das Café Florian zum Mittelpunkt eines regen kulturellen Meinungsaustausches und Treffpunkt der Geschäftsleute. Der Erfolg war dermaßen überraschend, daß innerhalb von wenigen Jahren auf dem Markusplatz 30 Kaffeehäuser aufmachten, aber der bedeutendste Rivale des Café Florian war und ist das Café Quadri auf der gegenüberliegenden Seite des Platzes, das nur einige Jahre später eröffnet wurde.

Oben: Das Innere eines *coffee-house* in London zu Königin Annas Zeiten. Die Beschäftigung der Gäste unterschied sich nicht von jener der Besucher der venezianischen oder Pariser Cafés. *Rechts unten:* Ein *garçon du café*, so wurde der Kellner genannt, der den aromatischen Aufguß servierte. *Rechte Seite:* Das Bild von Francesco Guardi zeigt eine *Bottega del Caffè* auf dem Markusplatz in Venedig. Die Gäste bewundern einige Gemälde und geben ihren Kommentar dazu ab: Künstlerische, literarische und musikalische Veranstaltungen spielten sich gewöhnlich in Kaffeehäusern ab.

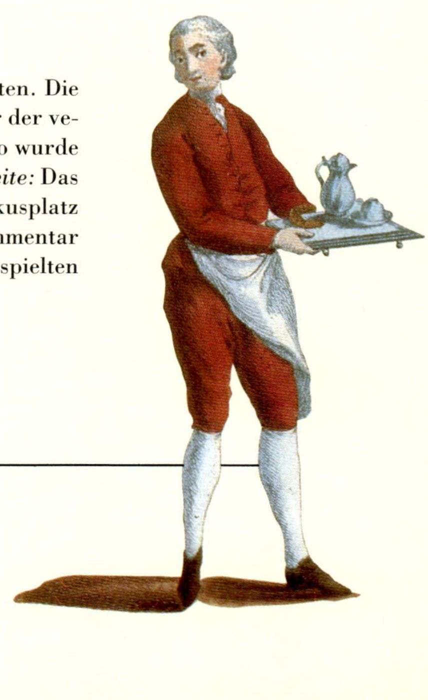

Das älteste Wiener Lokal, wo der braune Aufguß serviert wurde, war das Gasthaus »Zur blauen Flasche«, das 1687 von einem gewissen Georg Kolschitsky ins Leben gerufen wurde, der bei der Befreiung Wiens von der Belagerung der osmanischen Armee eine bedeutende Rolle gespielt und als Dank auch 500 Säcke Kaffee erhalten hatte, die die Feinde auf ihrer Flucht hinterlassen hatten. Da er mit den Gewohnheiten der Araber tief vertraut war, lernte er bald, die Bohnen zu rösten und den Aufguß zu brauen, welcher in der »Blauen Flasche« mit halbmondförmigem Gebäck serviert wurde, um den Sieg über die Türken auch würdig zu feiern. So entstanden die überall bekannten *Kipferl*. Damit bürgerte sich die typisch mitteleuropäische Gewohnheit ein, den Kaffee mit Gebäck und sonstigen Süßigkeiten anzubieten.

Das erste bedeutende Café Ende des 18. Jahrhunderts in Paris hieß (und heißt auch heute noch) »Procope« nach seinem Gründer Procopio dei Coltelli, einem sizilianischen Edelmann. Zwar ist das »Procope« heute ein Restaurant, doch die magische Atmosphäre der ersten europäischen Cafés ist erhalten geblieben.

Trotz der stark verwurzelten Gewohnheit der Engländer, Tee zu trinken, konnten sich auch in London zahlreiche Kaffeehäuser ansiedeln. Das erste wurde schon 1652 auf Initiative eines gewissen Pasqua Rosée gegründet.

Was aber die bekannten Kaffeehäuser im Europa des 17. Jahrhunderts verband, war der ursprüngliche Geist der Cafés von Konstantinopel: Der Genuß eines Täßchens Kaffee war nie Selbstzweck, sondern Vorwand und Anregung für gesellige und kulturelle Ziele. In den Kaffeehäusern konnte man Künstler, Literaten und Politiker antreffen, bedeutende Zeitschriften lesen oder Geschäftsverträge abschließen.

Viele Jahre hindurch – das ganze 18. Jahrhundert – stellten die Kaffeehäuser Europas den Mittelpunkt des wirtschaftlichen, kulturellen und politischen Lebens dar. Verloren gegangen war aber leider die mystische Atmosphäre der ersten orientalischen Cafés, eine Mischung aus Musik, Erzählungen und Legenden einer fernen Welt.

Das Aufleben der Kaffeehäuser war also ein europäisches Ereignis, das nicht nur rein zufällig zur Zeit der Aufklärung einen Höhepunkt erlebte. Die Entfaltung dieser kulturellen Strömung liegt zwischen zwei historischen Meilensteinen: der englischen Revolution (1688) und dem Beginn der französischen (1789). Es besteht also eine zeitliche Übereinstimmung zwischen der Verbreitung der Kaffeehäuser in Europa und dem Anbruch des »Zeitalters der Vernunft«. Eine Übereinstimmung auch der Orte, denn gerade in den Kaffeehäusern wurde über Literatur, Wissenschaft, Wirtschaft und Politik diskutiert.

Rechts: Dieses Bild aus den ersten Jahren unseres Jahrhunderts zeigt einen *garçon du café* in einem Lokal von Saloniki. Auf dem Servierbrett ein *Narghilé;* in den antiken arabischen Kaffeehäusern gehörte zum Kaffeegenuß oft die Wasserpfeife mit dazu. Auch in Griechenland, wie in der Türkei, ist die traditionelle Zubereitung nach der Siedemethode die beliebteste.

Wahrscheinlich handelte es sich damals um eine gegenseitige Beeinflussung: Die Cafés gaben den Protagonisten der kulturellen Erneuerung gleichzeitig die Gelegenheit und den Vorwand, sich zu treffen, Meinungen und Ideen auszutauschen, Anregungen zu finden. Das neue Getränk förderte diese regen geistigen Tätigkeiten dank seiner »den angeregten Geist erweckenden Tugend«, wie Pietro Verri in der Einführung zur ersten Ausgabe der Zeitschrift geschrieben hatte, die mit demselben Namen des berauschenden Tranks benannt wurde. *Il Caffè* erschien vom Juni 1764 bis Mai 1766 in Mailand. Herausgeber war Pietro Verri, Mitarbeiter sein Bruder Alessandro, Cesare Beccaria und zahlreiche andere Intellektuelle jener Zeit, die alle Mitglieder der *Accademia dei Pugni* (Akademie der Fäuste) waren.

Ein Holzschnitt von Frank Kirchbach: Goethe trägt seiner Mutter, der Schwester und einigen Freunden ein Gedicht vor. Hochgefühl und Wonne über Verse und Reime wurden mit einem duftenden Täßchen Kaffee unterstrichen, worauf Literaten und Künstler nie verzichteten.

Der Titel dieser Zeitschrift war an und für sich schon eine Provokation, ganz das Gegenteil zu den pompösen Namen der akademischen Blätter jener turbulenten Zeit. Die Artikel verbargen hinter scheinbar harmlosen Gesprächen von Kaffeehändlern in Mailänder Cafés kulturelle und vor allem politische Themen wie die Analyse der zeitgenössischen Moral, die Ethik im Handel und Auseinandersetzungen mit der italienischen Literatur.
Die wohltuende Wirkung des Kaffees auf Geist und Verstand mußte wohl auch Voltaire, einer der Hauptfiguren der französischen Aufklärung, bekannt sein; man erzählte sich damals, er hätte bis zu fünfzig Tassen Kaffee am Tag getrunken. In jener so bedeutsamen Zeit für die gesellschaftliche und kulturelle Weiterentwicklung stellte der Kaffee nicht nur eine genüßliche Befriedigung für den Gaumen dar, sondern wirkte auch anregend auf die freiheitsliebenden Geister jenes Zeitalters.

Die historischen Cafés

Im Laufe des 18. und 19. Jahrhunderts übernahmen die Cafés verstärkt die Rolle literarischer und kultureller Zirkel. Die bekanntesten in Italien waren der »Circolo Aragno« in Rom, der »Circolo Michelangelo« in Florenz und der »Circolo Fiorio« in Turin, aber in allen italienischen und europäischen Städten gab es diese Kulturtreffs.

Viele hatten im Laufe der Jahrhunderte ihren Prunk und ihre kulturelle Zweckbestimmung beibehalten, vor allem in Italien, was eigentlich als Bestätigung für die Vorliebe dieses Landes für das schwarze Getränk ausgelegt werden könnte. In Italien gibt es vielleicht heute noch die größte Anzahl historischer Cafés. Um nur einige zu nennen: das Café Greco und das Aragno in Rom, das Gambrinus in Neapel, in Florenz das Café Giubbe Rosse und das Gilli, in Venedig Florian und Quadri, in Padua das Café Pedrocchi, in Triest das Tommaseo und das San Marco, in Turin das Platti, das San Carlo, das Fiorio, Baratti und Milano. Sie zeugen von der Vergangenheit und der Rolle der Kaffeehäuser und somit des Kaffees in der gesellschaftlichen, wirtschaftlichen und kulturellen Entwicklung; auch heute noch gelten sie als Treffpunkt der internationalen Gesellschaft. In einigen Kaffeehäusern werden Debatten geführt und Tagungen organisiert oder auch Konzerte in der besten französischen Tradition des *café chantant* abgehalten.
Phantasiereiche Legenden umhüllen das berühmteste und älteste unter den italienischen Kaffeehäusern, das venezianische Café Florian (1720). Man findet es direkt am Markusplatz unter den Laubengängen der Procuratie Nuove; in vielen kleinen Sälen, die eigene Namen tragen (saletta »cinese«, »greca«, »dei quadri«, »del Senato«) und von denen einer

Rechts: Zwei Bilder aus unserer Zeit. Die Lektüre der Tageszeitungen in den Cafés gehört zu den alltäglichen Gewohnheiten; aber um der kulturellen »Mission« treu zu bleiben, werden in den Kaffeehäusern auch Konzerte, Bilderausstellungen, Tagungen und Buchvorstellungen veranstaltet.

O SECULO

Oben: Zwei Bilder aus mitteleuropäischen Kaffeehäusern. *Unten links:* Der herrliche Saal des Café Bauer in Berlin; *rechts:* der lange Saal des Café Hungaria in Budapest. Ungarn hat traditionell einen hohen Kaffeekonsum zu verzeichnen.

nach langen Restaurierungsarbeiten jetzt wieder dem Publikum zugänglich gemacht wurde, kann man einen kleinen Espresso genießen. An den Wänden kann man Fresken, Malereien und goldene Einlegearbeiten bewundern; die Holz- und Marmortischchen und die Stühle, auf denen Casanova, Parini, D'Annunzio, Goethe, Dickens, Proust und viele andere berühmte Leute gesessen haben, sind noch bestens erhalten. Hier wurden nach dem Jahre 1760 mehrere Zeitschriften gegründet, darunter auch die »Gazzetta Veneta« von Gaspare Gozzi. Der eigentlich so einfache Ritus des Kaffeetrinkens erlangt hier besondere Feierlichkeit und Würde. Vielleicht ist es auch die herrliche Ausstattung der Säle oder das überwältigende, einzigartige Gefühl, an den kleinen Tischchen auf dem Markusplatz zu sitzen

Das 1720 eröffnete Café Florian in Venedig ist nicht nur eines der ältesten, sondern auch eines der besterhaltenen historischen Cafés Europas. Die durch einen engen Korridor miteinander verbundenen kleinen Säle sind mit Bildern, Fresken und goldenen Stuckarbeiten reich verziert. Die mehrmals unternommenen Renovierungsarbeiten haben an den Originalstrukturen und Einrichtungen nichts geändert. Der Besucher hat wirklich das Gefühl, die Zeit sei stehengeblieben.

und bequem die Paläste und die Basilika zu bewundern.
Das römische Café Greco wurde in der Via Condotti, wenige Schritte von der Piazza di Spagna entfernt, nur wenige Jahre später als das Café Florian eröffnet. Die unscheinbare Fassade des Gebäudes birgt ein weitläufiges, in viele kleine Säle unterteiltes Lokal, die durch einen engen Gang miteinander verbunden sind. Der »rote Saal« ist für wichtige Persönlichkeiten reserviert. Auch die Wände des Café Greco sind mit kostbaren Gemälden – darunter Werke von Vincenzo Giovannini – und Statuen und Figuren ausgeschmückt; es gibt sogar eine Bibliothek mit antiken Bänden und Dokumenten. Die Liste der berühmten Gäste des Cafés ist zu lang, um alle aufzuzählen. Neben Literaten und Künstlern waren hier Könige und Herrscher zu Gast, wie Ludwig I. von Bayern und Konstantin von Griechenland, Staatsmänner wie Präsident Kennedy und Mitterrand und sogar ein Papst, Leo XIII. Auch heute kann man dort Persönlichkeiten aus dem öffentlichen Leben oder der Theaterwelt begegnen.
Das Café Pedrocchi in Padua ist jünger als das Florian und das Greco: Es wurde 1831 von Antonio Pedrocchi, der von seinem Vater einen alten, bescheidenen Kaffeeladen übernommen hatte, eröffnet. Pläne und Entwurf stammen von dem venezianischen Architekten Giuseppe Jappelli. Das Café Pedrocchi, das vor kurzem vollständig renoviert wurde, um den Marmorböden und den Wänden den alten Glanz wieder zu verleihen, gilt heutzutage als »Tempel« der Kaffeewelt. Am Eingang wachen Löwenstatuen aus Naturstein über die Gäste, die im Sommer im Freien vor dem Café sitzen; im Inneren des Erdgeschosses befindet sich der Hauptsaal, wo man an einer behauenen Marmortheke genüßlich Kaffee trinken kann. Im Obergeschoß liegen etwa zehn verschiedenartig dekorierte Säle, wo man sich im Winter gemütlich an die kleinen Tische setzen kann. Das Café Pedrocchi ist eine Mischung verschiedener architektonischer Stilarten, die vielleicht etwas gewagt

Links: Das Café Central in Wien, das den Besuchern unter anderen Köstlichkeiten auch hauseigene Pralinen anbietet *(hier unten)*. *Oben:* Ein Detail einer Fensterscheibe des Cafés Greco, das 1760 in Rom eröffnet wurde. Auch dieses historische Kaffeehaus ist gut erhalten und wird täglich von Hunderten von Gästen besucht, was auch seiner zentralen Lage im Herzen Roms in der Via Condotti zu verdanken ist.

sein mag, aber durchaus einen angenehmen Eindruck erweckt. Man sollte sich Zeit nehmen, um sich die Säle in aller Ruhe anzusehen. Um den Ansprüchen und Bedürfnissen einer heterogenen Kundschaft von Touristen und im Zentrum arbeitenden Stadtbewohnern entgegen zu kommen, hat der Geschäftsführer des Pedrocchi beschlossen, eine besondere Theke für eilige Kunden einzurichten und die prunkvollen antiken Säle anspruchsvollem Publikum vorzubehalten. Diese Form könnte als Beispiel für die moderne Entwicklung des historischen Cafés gelten.

Die Beliebtheit der Kaffeehäuser ist seit Jahrhunderten ungebrochen, so daß man um ihre Zukunft nicht zu bangen braucht. Wenn auch der Besuch einiger dieser Cafés den Eindruck eines Museumsbesuchs erwecken kann, da den Fresken an den Wänden weitaus mehr Aufmerksamkeit gewidmet wird als der Qualität der Getränke, so gibt es doch viele andere, in die man mit der Absicht eintritt, das Produkt zu genießen, das seit Jahren die Berühmtheit des Lokals unterstützt: eine heiße Wiener Schokolade, einen Modeaperitif, einen besonderen Espresso. Von längst vergangenen Zeiten, als man in den prunkvollen, mit Stuckarbeiten und Spiegeln geschmückten Sälen hohe geistliche Herren und gekrönte Häupter antreffen konnte, über jüngere Zeiten, in denen Wissenschaftler und Bohemiens an den Marmortischchen exklusive Kreise gründeten, kommt man auf unsere Tage und entdeckt, daß sich in den Kaffeehäusern ein kunterbuntes Leben abspielt: Man spielt Karten, Schach, Billard; man lernt, trifft sich mit Freunden, führt geschäftliche Verhandlungen. Auch dem Alltag lassen sich so angenehme Seiten abgewinnen.

Häufig sind die Säle und Räumlichkeiten der historischen Cafés mit Bildern und Gemälden aus alten Zeiten ausgeschmückt.

Oben links: Einer der Säle des Café Pedrocchi in der Stadtmitte von Padua. *Rechts:* Das Gran Caffè Gambrinus von Neapel. Es geht auf die Mitte des 19. Jahrhunderts zurück, mußte aber auf Verordnung des faschistischen Regimes im Jahre 1938 seine Tore schließen; als es später wieder eröffnet wurde, waren einige der ursprünglichen Säle bereits für andere Zwecke bestimmt. *Unten links:* Die Aufschrift des Café Florian in Venedig. *Rechts:* Innenraum des Café Creco in Rom.

CAFE
SCHWARZENBERG

Links und oben: Außen- und Innenansicht des Café Schwarzenberg in Wien.

· DIE ·
GEHEIMNISSE
· DES ·
KAFFEES

Der Kaffee, ein von den Arabern eingeführtes Getränk, verdankt seine Beliebtheit sicher dem Aroma. Bis ins 10. Jahrhundert hinein wurden die Früchte der Kaffeepflanze allerdings verzehrt, aber auch das nur in den Regionen, in denen die Pflanzen wild wuchsen. Bis man die wunderbar anregenden Eigenschaften der Samen entdeckte, verwandte man nur die dünne Schicht des süßen Fruchtfleisches. Es waren also die Araber, die mit dem Verzehr dieser Bohnen begannen, die zerrieben und mit tierischen Fetten vermischt wurden. Diese stärkende Speise war jedoch nicht sehr verbreitet. Die grünen Samen schmecken eher unangenehm! Etwas später ging man dazu über, die grünen Samen in kaltem Wasser einzuweichen, wodurch man ein Getränk erhielt.

Erst im 11. Jahrhundert wurde das Einweichen durch Kochen ersetzt, was die Qualität des Getränkes jedoch nicht verbesserte. Im 14. Jahrhundert begann man die Samen zu rösten, und so kam zu der anregenden Wirkung auch der Genuß. Die gerösteten Kaffeebohnen wurden anfangs als ganze in Wasser gekocht, später im Mörser zerrieben; man erhielt so, aufgrund der größeren Kontaktfläche zwischen Wasser und Kaffee, ein geschmacks- und aromaintensiveres Getränk, da fast alle Substanzen im Wasser gelöst wurden. Es ist nicht geklärt, weshalb dieses Verfahren, das die Araber erfunden haben und das über mehr als vier Jahrhunderte das einzige blieb, unter der Bezeichnung »türkischer Mokka« überliefert wurde. Noch heute wird in verschiedenen Ländern der Kaffee nach dieser Methode zubereitet, in erster Linie in der Türkei und in Griechenland. Eine Variante dazu ist der Aufguß, dasselbe Prinzip wie bei der Teezubereitung; das Wasser wird separat zum Kochen gebracht, und erst dann wird der gemahlene Kaffee damit aufgegossen.

In jüngerer Zeit wurden zwei weitere Methoden der Kaffeezubereitung erfunden: der Filterkaffee und der Espresso. In beiden Fällen wird der Kaffee nicht im Wasser eingeweicht oder gekocht, sondern das Wasser durchläuft gleichsam nur das Kaffeepulver und löst und extrahiert dabei die darin enthaltenen Substanzen. Bei der Filtermethode wird das Durchlaufen des Wassers nur durch die Schwerkraft bedingt, während bei der Espressomethode ein starker Druck erzeugt wird, der es ermöglicht, eine größere Menge der im Kaffeepulver enthaltenen Substanzen zu nutzen.

Vom türkischen Mokka zum Espresso, der auf das 19. Jahrhundert zurückgeht, hat der Kaffee nicht nur verschiedene Arten der Zubereitung erfahren, sondern wurde auch um verschiedene Zutaten reicher.

Seite 146: Auf diesem Foto aus den 30er Jahren lädt eine junge Frau mit eindringlichem Blick zum Genuß einer guten Tasse Kaffee ein. *Links:* Hier werden Kaffeesäcke auf traditionelle Weise abgeladen, d. h. in einer Seilschlinge hängend von einem Kran hochgezogen. Das ist ein immer seltener werdendes Bild. Um den Arbeitsaufwand zu reduzieren, setzt man vermehrt Container ein. In jüngster Zeit verzichtet man sogar auf die Säcke und gibt die losen Bohnen direkt in sogenannte *full-container.*

Angeblich verdankt man den Hofdamen Ludwigs des XIV. die Idee, den schwarzen Aufguß zu zuckern. Der Zucker wurde manchmal durch Honig ersetzt, man lernte Milch, Sahne oder Alkohol hinzuzufügen, erfand immer gewagtere Kombinationen. Vielleicht ist heute der weltweit verbreitetste und beliebteste Zusatz die mit Dampf aufgeschäumte Milch, deren appetitliches Schaumhäubchen den berühmten italienischen Cappuccino ziert.

Das Koffein

In der westlichen Welt hat der Kaffee in seiner etwa dreihundertjährigen Geschichte dank zwei seiner Eigenschaften eine Anhängerschar erobert, die über 90% der Erwachsenen ausmacht: sein Wohlgeschmack und seine anregende Wirkung.

Von den über 1200 chemischen Bestandteilen des Kaffees wirken viele anregend auf die Geschmacks- und Geruchsempfindungen; dem Koffein ist allerdings die physiologische Wirkung auf den menschlichen Körper zuzuschreiben. Seit dem 17. Jahrhundert sind einige therapeutische Eigenschaften dieser Substanz bekannt, die zum Beispiel zur Behandlung von Gicht und Pellagra genutzt werden. Heute sind dies sicher keine Krankheiten mehr, die die Menschen erschrecken, aber man schätzt weiterhin die wohltuende Wirkung des Kaffees zur Förderung der Verdauung, da er die Tätigkeit der Bauchspeicheldrüse stimuliert, harntreibend ist und den Kreislauf reguliert und anregt.

Seine wichtigste Wirkung hat das Koffein auf das Zentralnervensystem. Es steigert die Aufmerksamkeit, verbessert die Konzentrations- und Merkfähigkeit, verringert die Ansprechzeiten auf äußere Reize (d. h. es verbessert die Reflexe) und wirkt sich, laut jüngsten Forschungen, anscheinend auch sehr positiv auf die Stimmung aus.

Diese Substanz, die so viele Wunder bewirkt, ist chemisch gesehen ein Alkaloid, genauer gesagt 1,3,7 Trimethylxanthin, eine weiße, geruchlose, bittere, wasserlösliche Substanz. Bei den verschiedenen Zubereitungsarten des Kaffees wird das Trimethylxanthin fast vollständig aufgelöst; eine Ausnahme bildet der Espresso. Aufgrund der geringen Wassermenge bei dieser Methode und der kurzen Berührungszeit mit dem Wasser (etwa 30 Sekunden) bleibt die Substanz erhalten, vor allem wenn der Espresso besonders stark zubereitet wird.

Trotz der zahlreichen wohltuenden Wirkungen des Koffeins sollte Kaffee nur in Maßen genossen werden, auch wenn nur sehr große Dosen gefährlich werden (10 Gramm oder etwa 100 Tassen Espresso pro Tag). Die ideale Menge für einen Erwachsenen ist

Links: Eine durchsichtige »Extraktionskammer« für Espresso zu experimentellen Zwecken, um die komplexen physikalischen Erscheinungen zu beobachten, die sich beim Durchlaufen des Wassers abspielen. *Unten:* Aus dieser Graphik geht hervor, daß eine Person, die Koffein durchschnittlich schnell abbaut, dank des geringeren Koffeingehaltes mehr Tassen Kaffee der Arabica-Sorte (grüne Kurve) als von Robusta-Kaffee (braune Kurve) trinken kann.

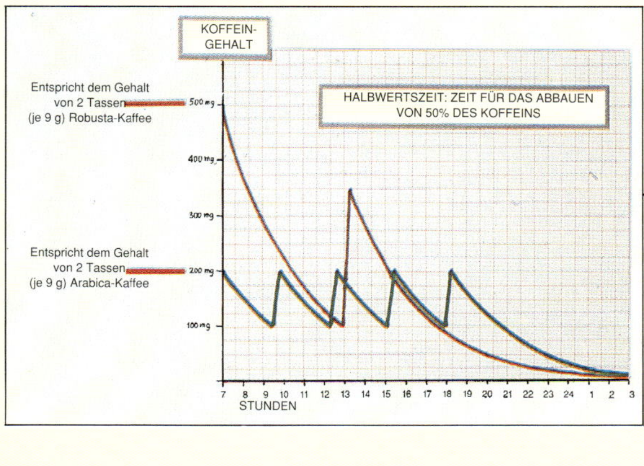

300-400 Milligramm pro Tag, d. h. etwa vier Tassen Espresso aus Arabica-Kaffee. Diese Art enthält 1,1-1,7% Koffein, Robusta-Kaffee hingegen 2-4,5%. Außerdem werden für eine Tasse Espresso 6-7 Gramm Kaffee verwendet, anstatt der 10-15 Gramm für eine auf andere Art zubereitete Tasse Kaffee.

Aber nicht alle Menschen bauen Koffein gleich schnell ab. Durchschnittlich verarbeitet jeder Mensch stündlich 20% des im Blutkreislauf befindlichen Koffeins; es gibt allerdings große Unterschiede von Mensch zu Mensch. Bei Frauen erfolgt dieser Vorgang im allgemeinen schneller als bei Männern, ausgenommen während der Schwangerschaft; dann werden die Zeiten so lang, daß vom Kaffeetrinken ganz abgeraten wird. Koffein ist auch und vor allem von denjenigen zu meiden, die an Gastritis, an Magen- und Zwölffingerdarmgeschwüren oder an Kreislaufstörungen leiden. Wollen wir die für jeden von uns optimale Menge kennenlernen, müssen wir selbst versuchen herauszufinden, ob unser Körper Koffein schnell oder langsam abbaut, und müssen daran denken, daß die zwei häufigsten Arten der Kaffeepflanze Koffein in unterschiedlichen Anteilen enthalten.

Unser Organismus verfügt jedoch über ein wirksames System zur Selbstanalyse, und das wird uns helfen, die Anzahl von Tassen zu bestimmen, die uns ein Maximum an wohltuender Wirkung und Kaffeegenuß und ein Minimum an Problemen schafft.

Auf jeden Fall ist es besser, mehrmals am Tage kleine Mengen Koffein zu sich zu nehmen, als konzentrierte Mengen auf einmal. Das erklärt den Erfolg des Espressos: sein Koffeingehalt ist geringer als bei anderen Arten der Zubereitung (90-150 mg pro Tasse gegenüber 150-300 mg), und er kann mehrmals am Tag und nicht unbedingt nur nach dem Essen getrunken werden.

Koffeinfreier Kaffee

Lassen wir die unbestritten durststillende Wirkung des Kaffees beiseite, die bei einigen Zubereitungsarten wie Espresso oder türkischem Mokka unerheblich ist, so bleiben zwei Gründe für den Kaffeekonsum, die dazu verleiten, ein Täßchen des duftenden Getränks zu sich zu nehmen: der Genuß und die anregende Wirkung.

Wenn für den letzten Grund hauptsächlich das Koffein verantwortlich ist, für das es einige wenige Kontraindikationen gibt, so ist der Kaffeegenuß glücklicherweise keinen Einschränkungen unterworfen; um sich diesem Genuß grenzenlos hinzugeben, muß er nur vom Koffein befreit werden. So entstand am Anfang unseres Jahrhunderts der

Die durchschnittliche Halbwertszeit für Koffein im menschlichen Körper beträgt etwa zwei Stunden, mit beträchtlichen Unterschieden von Mensch zu Mensch. Aus dieser Graphik gehen die unterschiedlichen Assimilationszeiten eines Menschen mit langsamem Stoffwechsel für eine Tasse Kaffee hervor, die mit Arabica- und Robusta-Kaffee oder nur mit Arabica-Sorten zubereitet wurde.

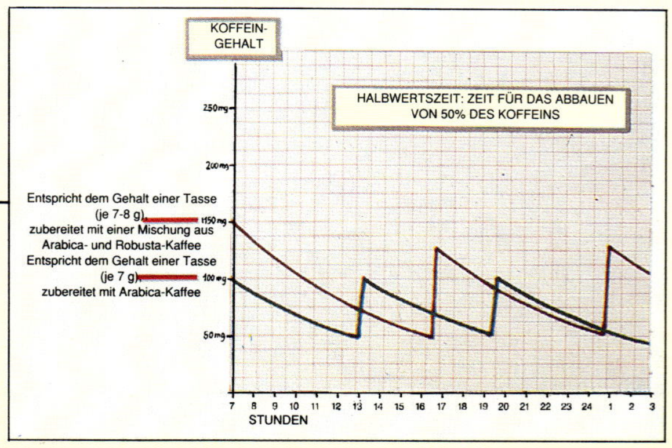

Tische vor einem orientalischen Kaffeehaus. Türkischer Mokka verlangt eine sehr sorgfältige Zubereitung. In vielen Lokalen werden die *ibrik* mit Wasser und Kaffeepulver in einen erwärmten Behälter mit Sand gesteckt. Die Regel verlangt, daß der Aufguß vor dem Servieren dreimal zum Kochen gebracht wird.

»koffeinfreie« Kaffee, der auch denen das Kaffeetrinken ermöglicht, die kein Koffein vertragen oder die im Laufe des Tages bereits die ideale Menge zu sich genommen haben. Beim koffeinfreien Kaffee kann es eher zu einer Qualitätsminderung durch zu lange Lagerung kommen. Das verbreitetste System zur Entziehung des Koffeins sieht den Gebrauch von Lösungsmitteln (Dichlormethan oder Äthylacetat) vor, die nicht nur das Koffein lösen, sondern auch dichte Öle mit der chemischen Bezeichnung Sterine. Diese Substanzen sind in den Zellen der Bohnenoberfläche konzentriert, verschließen deren Poren und verlangsamen damit den Austritt der darin enthaltenen Gase. Diese Gase, darunter in erster Linie Kohlendioxyd, verhindern, daß Sauerstoff in das Zellinnere gelangt, vermeiden dadurch die Oxydation der enthaltenen Substanzen und verlangsamen die Qualitätsminderung des Kaffees; fehlen diese Öle, wird der Kaffee schneller alt.

Das erfordert einen schnelleren Verbrauch dieses Kaffees, der aber, aufgrund der geringen Nachfrage, langsamer im Umschlag ist als der normale Kaffee. Deshalb stets das Verfallsdatum, oder, falls angegeben, das Herstellungsdatum beachten!

Beim Entkoffeinieren mit Lösungsmitteln wird der noch grüne Kaffee erst mit circa 120 °C heißem Dampf behandelt, der die Zellporen öffnet und das Lösungsmittel eindringen läßt. Das von diesen Substanzen gelöste Koffein wird dann abgesondert und wiederverwertet; es wird im allgemeinen von der pharmazeutischen Industrie gekauft, die es für verschiedene Arzneimittel verwendet. Der Kaffee wird nach dem Entkoffeinieren gewaschen und getrocknet und kann dann geröstet werden.

Manche Verbraucher sorgen sich um eventuelle Lösungsmittelrückstände im Kaffee nach dessen Bearbeitung, aber diese Residuen sind äußerst gering und auch gesetzlich geregelt.

Es gibt zwei Methoden, um Koffein zu entziehen. Die ältere Methode ist das Waschen in Wasser, ein langwieriger und wenig wirksamer Vorgang, da Wasser kein selektives Lösungsmittel ist und deshalb nicht nur Koffein, sondern auch andere lösbare Substanzen wie Zucker und Proteine löst.

Neuer ist hingegen das Verfahren, das anstelle der üblichen Lösungsmittel »überkritisches« flüssiges Kohlendioxyd verwendet. Es hat eine selektive Wirkung auf Koffein und löst nur das Alkaloid und nichts anderes.

Dieses Verfahren wäre die ideale Methode, um einen Kaffee von hochwertiger Qualität zu erhalten. Leider sind die Anlagen für

Rechts: Frühstück in einem alten Hotel. Die Menschheit läßt sich in Kaffeetrinker und Teetrinker einteilen, ein Unterschied, der sich besonders bei der ersten Mahlzeit des Tages zeigt. In südlichen Ländern beschränkt sich diese meist auf einige Tassen Kaffee, zu denen nichts gegessen wird. Man nutzt nur die Tatsache, daß Koffein die Umwandlung der Energiereserven (Fette) in Zucker begünstigt.

diese Verarbeitung so kostspielig, daß sie noch wenig verbreitet sind. Welches System auch angewandt wird, der Qualitätsverlust durch die Entkoffeinierung ist unmerklich; auch einem Kenner fällt es schwer, einen koffeinfreien Kaffee von einem »normalen« Kaffee derselben Sorte zu unterscheiden. Im allgemeinen bemerkt man nur einen weniger bitteren Geschmack, so daß die süße Komponente in den Vordergrund tritt (Koffein ist bitter). Technisch lassen sich also koffeinfreie Mischungen herstellen, die genauso gut sind wie die normalen. Alles hängt von der Qualität der verwendeten Kaffeesorten ab.

Erzeuger- und Verbraucherländer

Die Völker unserer Erde lassen sich in Teetrinker und Kaffeetrinker unterteilen. Selbst innerhalb einer Familie kristallisieren sich eindeutige Vorlieben heraus. Paradoxerweise gilt dies auch für die Erzeuger-

Man kann sich nur schwer eine Bar oder ein Restaurant vorstellen, in dem kein Kaffee angeboten wird. In manchen vornehmen Lokalen hat man sogar die Möglichkeit, zwischen verschiedenen Mischungen, Herkunftsländern oder Zubereitungsarten zu wählen. Man kann so entscheiden, welcher Kaffee am besten zu der bestellten Süßspeise paßt. *Unten:* Eine alte türkische Kaffeekanne.

länder von Kaffee. Es verwundert niemand, daß in Indien, dem großen Tee- und mittleren Kaffee-Erzeuger (über zwei Millionen Säcke jährlich), nur wenige Gramm Kaffee pro Kopf jährlich verbraucht werden, aber es überrascht, daß dasselbe auch für den größten Teil der afrikanischen Länder gilt, für die der Kaffee die Haupteinnahmequelle darstellt. Eine Ausnahme bilden die Elfenbeinküste, die über vier Millionen Säcke pro Jahr herstellt und einen Pro-Kopf-Verbrauch von etwa 0,4 kg aufweist, und Äthiopien mit einer Jahresernte von über drei Millionen Säcken angebauter Bohnen (man schätzt, daß ebensoviele wild wachsen) und mit einem Verbrauch von über 3 kg pro Einwohner. Diese Menge nähert sich dem Wert der westlichen Verbraucherländer; um ihn bei einem Erzeugerland zu finden, muß man nach Amerika blicken.

Der weltweit größte Kaffee-Erzeuger, Brasilien, steht an zweiter Stelle in der Rangliste der Verbraucherländer, wenn auch mit einem jährlichen Pro-Kopf-Konsum von

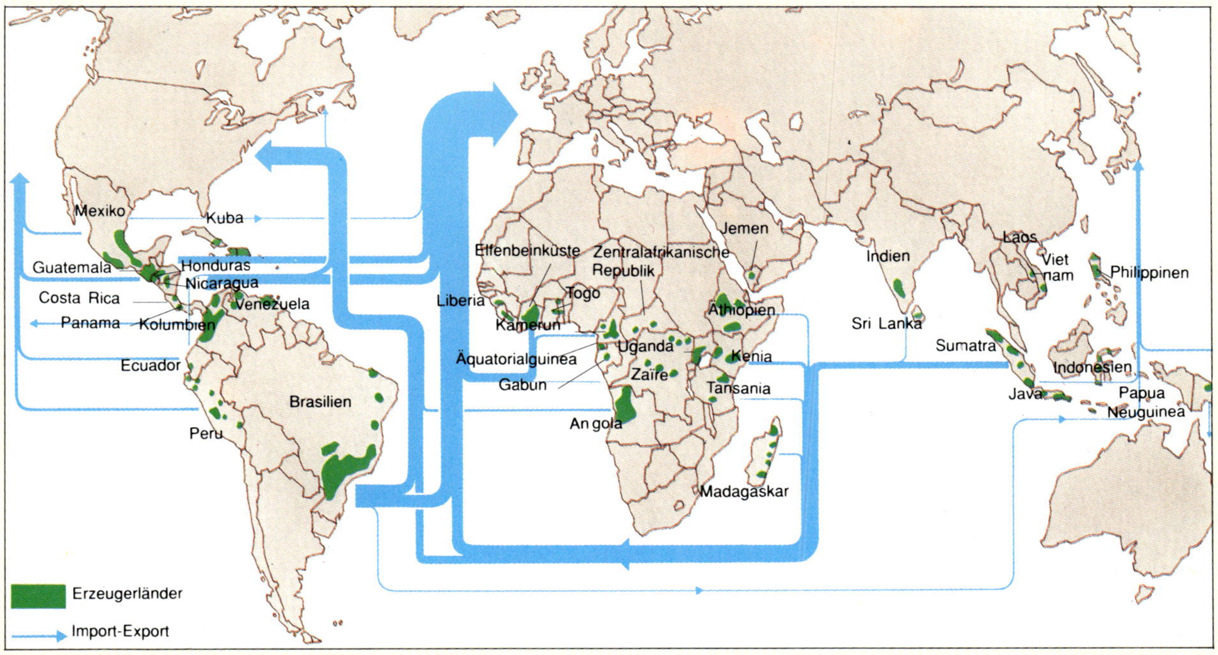

Die Karte zeigt eine Übersicht der Erzeugerländer, die alle zwischen dem Wendekreis des Krebses und dem des Steinbocks liegen, sowie ihren Export. In diesen Ländern wird Kaffee im allgemeinen nicht nur hergestellt, sondern auch getrunken. Der jährliche Pro-Kopf-Konsum geht von 6 kg in Costa Rica bis zu wenigen Gramm in Indien und den afrikanischen Ländern. Die Völker in Mittel- und Südamerika zeigen mehr Interesse für dieses Getränk als die anderen Erzeuger.

3,5 kg. Der zweitgrößte Erzeuger ist Kolumbien mit über 12 Millionen Säcken pro Jahr; auch die Kolumbianer sind mit etwa 4 kg pro Kopf gute Kaffeetrinker. Den Verbraucherrekord unter den Erzeugerländern hält jedoch Costa Rica mit einer Jahresproduktion von knapp zwei Millionen Säcken und einem jährlichen Pro-Kopf-Verbrauch von 6 kg. Es folgen die anderen Länder Zentralamerikas: Salvador und Guatemala (jeweils über 2,5 Millionen Säcke Produktion) mit etwa 3 kg pro Person, Nicaragua (etwa eine Million Säcke) mit 2,6 kg und Mexiko mit 1,3 kg (bei einer Produktion von über 4 Millionen Säcken).

In diesen Ländern wird der Kaffee im allgemeinen nach dem Aufgußsystem zubereitet; er ist mittelstark geröstet und mittelfein gemahlen. Im allgemeinen werden etwa 10 Gramm Pulver pro Tasse verwendet, normalerweise nicht aus Mischungen, sondern aus der vor Ort angebauten Kaffeesorte (es wäre absurd, Kaffee von anderen Ländern einzuführen, um ihn zu mischen!). Manchmal wird das Getränk nach der Filter- und ab und an auch nach der Espressomethode zubereitet. In Brasilien zum Beispiel findet man den Espresso häufig in großen Städten anstelle des sehr starken und typischen *cafesiño*.

Nicht immer ist die Qualität des in den Erzeugerländern verbrauchten Kaffees zufriedenstellend – *nemo profeta in patria*. Zum einen, weil die wertvollsten Sorten für den Export bestimmt sind, um größere Deviseneinnahmen sicherzustellen, zum anderen, weil sich im reinsortigen, d. h. nicht gemischten Kaffee die Geschmacks- und Aromamerkmale nicht ausgleichen lassen, wie es bei der Mischung von Sorten verschiedener Herkunft der Fall ist.

In den Verbraucherländern hingegen findet man eine größere Vielfalt an Mischungen,

Jeder Augenblick und jede Gesellschaft sind für einen guten Kaffee richtig. Das gilt für die beiden Cowboys *oben*, die im heißen Texas leben, wie auch für die beiden Skifahrerinnen *unten*, die sich zwischen einer Abfahrt und der nächsten eine Tasse eingießen. Der Kaffeekonsum wird nur wenig durch die Jahreszeiten und das Klima beeinflußt; ist es sehr heiß, wird der Kaffee höchstens kalt getrunken.

Röstgraden, Zubereitungsarten und Trinkgewohnheiten. Jeder hat den Kaffee der eigenen Kultur und den eigenen Traditionen, vor allem aber den Ernährungsgewohnheiten angepaßt. Manche Völker trinken ihn nicht nur wegen seiner anregenden, sondern auch wegen seiner durststillenden Wirkung, andere hingegen trinken ihn so konzentriert, d. h. mit so wenig Wasser, daß er als Elixier betrachtet wird. Nehmen wir die Einteilung in Tee- oder Kaffeetrinker wieder auf, so lassen sich Großbritannien, Japan, die GUS-Staaten der ersten Gruppe zuordnen und die anderen europäischen Länder zusammen mit den Vereinigten Staaten, wo Kaffee sogar als Nationalgetränk angesehen wird, der zweiten Gruppe. Der höchste Pro-Kopf-Verbrauch wird in Nordeuropa (Skandinavien) verzeichnet, wo 12 kg jährlich überstiegen werden. Es folgen Dänemark mit 11 kg, Holland mit 9 kg, Belgien und Österreich mit 8 kg, Deutschland mit 7 kg, Frankreich und die Schweiz mit jeweils 6 kg. In den Vereinigten Staaten beträgt der Kaffeeverbrauch etwa 4,6 kg (in den 70er Jahren war er viel höher); gleich danach kommen Italien und Kanada mit etwa 4,3 kg. Der Verbrauch sinkt dann auf etwa 2 kg in Griechenland, Spanien, Großbritannien, Australien und Japan. Hierher gehören auch Ungarn und das ehemalige Jugoslawien, während in den übrigen Ländern des einstigen Ostblocks der Pro-Kopf-Verbrauch unter 1 kg liegt. Es besteht eine enge Verbindung zwischen Verbrauchsmenge und Zubereitungsart von Kaffee: Wo die Filtermethode verbreitet ist, wie in Nordeuropa, ist der Verbrauch größer. Wahrscheinlich ist dies auf die höhere Wassermenge bei der Zubereitung zurückzuführen, die es ermöglicht, den Kaffee auch

Oben: Eine junge Frau am Tisch eines französischen Cafés. Dank der zunehmenden Geschäftsreisen und des wachsenden Tourismus wurden bestimmte Zubereitungsarten für Kaffee, die früher eng geographisch begrenzt waren, entdeckt und haben sich bei neuen Verbrauchergruppen durchgesetzt. Dies gilt sicher auch für den italienischen Espresso, der die ganze Welt erobert hat.

gegen den Durst zu trinken. In den nordeuropäischen Ländern ist es nicht selten, daß zu gewissen Mahlzeiten eine große Tasse Kaffee getrunken wird. Selten trinkt man Filterkaffee allein. Morgens wird er zu einem üppigen Frühstück gereicht; nachmittags trinkt man ihn zu einem Stück Kuchen, einem Gebäck oder Keksen. Wer hingegen Espresso oder türkischen Mokka trinkt, verbindet ihn mit Speisen höchstens zum Frühstück, eine Angewohnheit, die jedoch im Mittelmeerraum wenig verbreitet ist. Ein weiterer interessanter Zusammenhang besteht zwischen Qualität und Quantität. Das verbreitetste Bewertungssystem gibt kolumbianischem Kaffee 4 Punkte, den anderen sogenannten süßen Sorten 3 Punkte, der Arabica aus Brasilien und anderer Herkunft 2 Punkte und der Robusta-Sorte 1 Punkt. Dann vergleicht man diese Werte mit den prozentuellen Anteilen der in einem bestimmten Zeitraum importierten Kaffeesorten. Im allgemeinen entspricht einem hohen Qualitätsindex hoher Verbrauch, während die geringere Qualität weniger verbraucht wird. So finden wir über mehrere Jahre Finnland an erster Stelle in beiden Ranglisten, während Italien und Großbritannien mit ihren niedrigen Qualitätsindizes auch die letzten Plätze in der Rangliste europäischer Verbraucher belegen. Wie immer bestätigen jedoch Ausnahmen die Regel: So hat Frankreich im allgemeinen einen schlechteren Qualitätsindex als Italien, während seine Verbrauchswerte schon immer spürbar höher lagen, auch wenn in den letzten Jahren ein starker Rückgang zu verzeichnen war. Und noch eine letzte Beobachtung: Die Kaffeesorten von hoher Qualität kurbeln den Verbrauch nicht nur dank der größeren Gaumenfreuden an, die sie dem Kaffeetrinker schenken, sondern auch dank ihres geringeren Koffeingehalts, der es ermöglicht, größere Mengen zu sich zu nehmen.

Die Zubereitungsmethoden

Die Substanzen, die der Mensch am Kaffee dank ihrer anregenden Wirkung und ihres Geschmacks und Aromas am meisten schätzt, lösen sich in kochendem Wasser. Das heiße Getränk gibt uns also das Beste vom Kaffee, und es vermeidet außerdem, wasserunlösliche Feststoffe, wie Zellulose, aufzunehmen, die weniger angenehme organoleptische Merkmale aufweisen.

In erster Linie sind es lösliche Substanzen, die für den Geschmack des Aufgusses (bitter, süß und sauer) verantwortlich sind: Zucker, Koffein, Proteine, Chlorogensäure usw. Die Substanzen, die das Aroma bestimmen, sind fast vollkommen unlöslich: Es

Unten: Ein wunderschönes Kaffeeservice aus Porzellan für Filterkaffee oder Aufguß. *Rechts:* Edoardo De Filippo und das geliebte Täßchen (la »tazzulella«). Als echter Neapolitaner hielt De Filippo den Kaffee hoch in Ehren. Seine Erzählungen darüber, wie in Neapel auf den Balkonen Kaffee geröstet und dann das schwarze Getränk zubereitet wurde, sind so lebensnah, daß der Leser das Gefühl hat, selbst dabei gewesen zu sein.

illy

handelt sich hier um die Kaffeeöle, in denen die flüchtigen Aromastoffe, die in den Zellen des gerösteten Kaffees in gasförmigem Zustand enthalten sind, binden. Wenn diese Fettstoffe auch wasserunlöslich sind, wird doch ein Teil davon durch die hohe Temperatur flüssig und »schwimmt« an der Oberfläche des Aufgusses. Nur mit der Espressomethode können die Öle wie auch andere unlösliche Substanzen, Kolloide genannt, in spürbaren Mengen im Wasser emulgieren und verleihen dadurch dem Kaffee sein spezielles Aroma und seinen Körper. Es gibt zwei wichtige Methoden, die wertvollsten

Berlin, im Sommer 1955. Es läßt sich schwer sagen, ob das Nationalgetränk der Deutschen Kaffee oder Bier ist. Der Kaffeekonsum ist sehr hoch, etwa eineinhalb mal so groß wie der Pro-Kopf-Verbrauch in Italien. Im allgemeinen trinkt man Filterkaffee, doch auch der Espresso erfreut sich zu Hause und in der Gastronomie zunehmender Beliebtheit.

Substanzen des Kaffees zu extrahieren: Mazeration und Perkolation. Um die Kontaktfläche mit dem heißen Wasser zu vergrößern, wird in beiden Fällen der Kaffee zuvor gemahlen. Bei der ersten Methode kommt das Kaffeepulver in kochendes Wasser, wo es mindestens fünf Minuten ziehen muß: Das ergibt einen Aufguß, der dann zur Abscheidung des Kaffeepulvers gefiltert wird. Bei der Melior-Methode verwendet man nach dem Einweichen einen Metallnetzfilter, der mit einem Kolben nach unten gedrückt wird. Der türkische Mokka ist eine Variante dieser Methode: man läßt das mit Kaffeepulver und Zucker vermischte Wasser dreimal hintereinander aufkochen. Nach dreimaligem Sieden läßt man die Kanne ruhen, bis sich das gesamte Pulver auf dem Boden abgesetzt hat, dann wird der Kaffee getrunken. Um zu vermeiden, daß Teilchen an der Oberfläche bleiben, werden die Bohnen ganz fein gemahlen, um alle Zellen zu zerstoßen, damit die darin enthaltenen Gase entweichen. Für die Mazerationsmethode können alle Kaffeearten verwendet werden. Die Röstung ist im allgemeinen ziemlich hell und der Kaffee, den man mit dieser Methode erhält, ist gehaltvoll und aromatisch, vor allem wenn wenig Wasser verwendet wird.

Der Anteil von fast vollständig wasserlöslichen Substanzen, die dem Kaffee durch Mazeration mit oder ohne Kochen entzogen werden, beläuft sich auf etwa 20 Prozent. Das Getränk ist verhältnismäßig aromatisch, weil ein kleiner Prozentsatz der Öle (Trägerstoffe der flüchtigen Aromen) im Wasser frei wird und an der Oberfläche schwimmt.

Bei der zweiten Methode, der Perkolation, wird der gemahlene Kaffee von kochendem oder fast kochendem Wasser durchlaufen. Durch sein Eigengewicht (also durch die Schwerkraft) durchfließt das Wasser das Pulver, wie es beim Filtersystem oder der typischen neapolitanischen Espressokanne der Fall ist; hier wird der leichte Druck (der nur selten eine Atmosphäre übersteigt) durch Dampf erzeugt; ein hoher Druck (9-10 Atmosphären) wird mechanisch oder hydraulisch von der Espressomaschine erzeugt. Je höher der Druck, desto geringer die Perkolationszeit: Filterkaffee braucht einige Minuten, die Espressokanne durchschnittlich eine Minute, die Espressomaschine etwa 30 Sekunden.

Filterkaffee ist, wie bereits gesagt, in Nordeuropa und Nordamerika weit verbreitet. Die Maschinen zu seiner Zubereitung sind ziemlich einfach und ermöglichen je nach Modell die Zubereitung von 2 bis 12 Tassen Kaffee. Sie bestehen aus einem Glas- oder Metallfilter mit einer Öffnung, der auf eine

Rechts: Eine kleine Filterkaffeemaschine für den Hausgebrauch. Wie die Mini-Espressomaschinen haben sich auch diese in den letzten Jahren weit verbreitet, denn mit ihrer Hilfe läßt sich das Getränk schneller zubereiten. Im allgemeinen erzeugen diese Maschinen auch heißes Wasser für Tee oder andere Aufgüsse.

Kanne, meist aus Glas, gesetzt wird. In den oberen Teil wird eine Filtertüte eingelegt, in die das eher grob gemahlene Kaffeepulver kommt. Die notwendige Wassermenge kann extra oder auch automatisch von der Maschine selbst erhitzt werden und kommt dann in den Filter mit dem Kaffeepulver. Das Wasser durchläuft dank seiner Schwerkraft das Pulver, extrahiert die löslichen Substanzen, durchquert das Filterpapier, das auch die kleinsten Kaffeeteilchen zurückhält, und gelangt schließlich durch die Öffnung im Filter in die Glaskanne. Das Filterverfahren ermöglicht allerdings nur die Freisetzung einer geringeren Anzahl von Aromastoffen, da kaum Öle das Filterpapier passieren. Jetzt ist der Kaffee fertig; wird er nicht sofort getrunken, hält ihn eine elektrisch erwärmte Platte warm, auf der die Kanne steht. Bleibt der Kaffee jedoch lange so stehen, verflüchtigt sich ein Großteil der Aromastoffe, und nach einer halben Stunde kocht man den Kaffee lieber frisch.
Für diese Zubereitungsart werden im allgemeinen Mischungen aus gewaschenen Arabica-Sorten verwendet, die aufgrund ihrer Härte beim Mahlen nur geringfügig den hauchfeinen Staub entwickeln, der die Poren des Filterpapiers verstopfen und den Aufguß nicht passieren lassen würde. Damit das Wasser leichter durchlaufen kann, wird die sehr hell geröstete Mischung grob gemahlen. Die Extraktion von Substanzen erreicht mit diesem System jedoch weniger als 20%, wodurch man ein leichtes, wenig bitteres und leicht säuerliches Getränk mit einem angenehmen Aroma (wenn Kaffeesorten guter Qualität verwendet wurden) erhält.
Auch die Espressokanne ist ein ziemlich einfaches System: Sie besteht aus drei hermetisch miteinander verbundenen Teilen. Unten der Siedeteil, der mit Wasser gefüllt wird, in der Mitte der Metallfilter, der das Kaffeepulver enthält, und der obere Teil, in dem sich der Kaffee sammelt, nachdem das Wasser durch den im Siedeteil erzeugten Dampf nach oben durch das Kaffeepulver gedrückt wurde. In der Espressokanne können Mischungen aller Kaffeesorten verwendet werden; die Bohnen sind mittelstark bis dunkel geröstet und werden eher fein gemahlen. Der Filter wird randvoll mit Kaffeepulver gefüllt, das man nicht zusammenpressen sollte. Denn durch den größeren Widerstand könnte im Siedeteil ein zu hoher Druck entstehen, wodurch es zu Überhitzung käme; zu heißes Wasser verleiht dem Kaffee aber einen unangenehmen, angebrannten Geschmack. Sobald sich die ersten Tropfen Kaffee im oberen Teil der Kanne sammeln, sollte man daher die Wärmezufuhr reduzieren.

In italienischen Haushalten ist die verbreitetste Maschine zur Zubereitung von Kaffee die sogenannte *moka* (= Espressokanne), die als Verbindungsglied zwischen der Perkolationsmethode und der Espressomethode zu sehen ist. Das Wasser durchläuft hier das Kaffeepulver aufgrund des sehr niedrigen Drucks, der durch den Dampf erzeugt wird, der sich im unteren Teil der Kanne bildet. Auch das Getränk, das man erhält, liegt zwischen Filterkaffee und Espresso.

Oben: Zwei Modelle italienischer Espressokannen; die linke ist aus Aluminium, die rechte, ein Produkt der Firma Alessi, aus Stahl und Kupfer. *Unten:* Links ein Gerät vom Typ Melior; bei diesem Modell gießt man das Kaffeepulver mit kochendem Wasser auf, und nach ein paar Minuten wird der Kaffeesatz durch Betätigung des Kolbens nach unten gedrückt. Rechts eine neapolitanische Espressokanne, die in der Beliebtheitsskala gleich nach der *moka* kommt.

Mit diesem System werden bis zu 22% der im Kaffee enthaltenen Substanzen extrahiert. Ein intensiver, starker, entschiedener, herber Geschmack zeichnet den Kaffee aus. Der Körper ist mittelstark und das Aroma eher intensiv, weil durch den leichten Druck ein Teil der Öle im Wasser schwimmt und in den oberen Teil der Kanne gelangt und weil der Kaffee dunkler geröstet ist. Aufgrund seines intensiven Geschmacks wird der in der Espressokanne zubereitete Kaffee meist mit Zucker und oft mit etwas Milch genommen, der Filterkaffee dagegen auch ohne Zusatz oder höchstens mit etwas Milch getrunken. Die dritte Variante der Durchlaufmethode – der eigentliche Espresso – verdient aufgrund seiner großen Bedeutung und qualitativen Überlegenheit eine ausführlichere Erläuterung.

Der Espresso

Die Aufgüsse, die man mit dem einen oder anderen der vorher beschriebenen Systeme erhält, sind einander sehr ähnlich und unterscheiden sich nur leicht in ihren Geschmacks- und Aromamerkmalen, der Espresso aber ist etwas ganz anderes! Nur mit der Espressomethode ist es möglich, die guten Substanzen und Aromen des Kaffees vollständig zu bewahren. Das einzigartige Getränk ist komplex, angefangen bei seiner Verarbeitung bis zum Endprodukt, denn der Espresso ist gleichzeitig eine Lösung (Zucker, Koffein, Säuren, Proteine usw.), eine Emulsion (Öle und Kolloide) und eine Suspension (untastbare Fragmente der Kaffeezellen und winzige Gasbläschen), alles auf wenige Kubikzentimeter Volumen konzentriert und von einer dicken, nußbraunen Creme (in der Chemie als »Schaum« bezeichnet) bedeckt.

Wenn wir einen Espresso trinken, überrascht uns sogleich die Konzentration an Geschmacks- und vor allem Aromastoffen, die ihn von jedem anderen Kaffee unterscheidet, sowie seine große Dichte. Aroma und Körper zeichnen den Espresso vor seinen Verwandten aus. Aufgrund des hohen Drucks, mit dem das Wasser das Pulver durchläuft, kann (oder besser muß) man den Kaffee fein mahlen; dadurch entsteht eine größere Kontaktfläche mit dem Wasser, die die Extraktion jener löslichen Substanzen fördert, die den Geschmack zum Großteil bestimmen.

Darüber hinaus können durch den Druck etwa 10% der im Kaffee enthaltenen Öle emulgiert werden. Das erklärt das üppige Aroma, denn die flüchtigen Aromastoffe tendieren nach dem Röstvorgang dazu, sich in diesen Fettsubstanzen festzusetzen. Die Öle sind zum Teil auch für den Körperreich-

Rechts: Die Täßchen warten im Warmen auf einen duftenden Espresso. Die ideale Tasse hat eine Masse, die sofort die überschüssige Wärme des Espressos, der bei fast 80 °C aus der Maschine kommt, aufnehmen und dann über lange Zeit die Idealtemperatur aufrechterhalten kann. Zu feine Tassen sind also nicht geeignet, da sie anfangs nicht genug Wärme aufnehmen, genauso wenig wie zu dicke, die zu viel Wärme aufnehmen.

tum verantwortlich, vor allem für den runden, »samtigen« Charakter.
Diese erhöhte Viskosität des Espressos ist sehr wichtig, denn sie geht einher mit einer geringeren Oberflächenspannung der Flüssigkeit, die dadurch tiefer in die Geschmackspapillen eindringt und das Geschmacksempfinden erheblich steigert. Der Körper hängt auch von suspendierten Gasbläschen (in erster Linie Kohlensäure) sowie von emulgierten Kolloiden ab.
Letztere hemmen auch die Bitter-Rezeptoren der Geschmackspapillen; dies erklärt, weshalb der Espresso, trotz seines sehr intensiven Geschmacks, fast nie zu bitter ist. Die kombinierte Wirkung von Kolloiden und Ölen verursacht den sogenannten *after flavour* (Nachgeschmack): Die Kolloide reduzieren die Oberflächenspannung der Flüssigkeit und ermöglichen es den Öltröpfchen, tief in die Geschmackspapillen einzudringen, wo sie sich festsetzen und die an sie gebundenen Aromastoffe langsam freisetzen. Diese Aromastoffe nimmt unser Geruchssinn auch mehrere Minuten nach dem Trinken des Espressos während des Ausatmens noch wahr. Der Espresso wird in den Augenblicken, die zwischen der Zubereitung und dem Trinken liegen, von der cremigen Schicht geschützt, die den Verlust von Wärme und vor allem der Aromen verhindert. Die wörtliche Bedeutung des italienischen Begriffs »Espresso« ist »auf Anforderung sofort gemacht«. Es handelt sich also um ein Adjektiv, das sich auf Speisen und Getränke bezieht, die bei Verlangen frisch zubereitet werden. In Italien ist das Wort zum stehenden Begriff für frisch zubereiteten Kaffee geworden. Verlangt man in einer Bar oder einem Restaurant einen »Espresso«, ist immer und unmißverständlich ein Täßchen Kaffee gemeint.
Diese Art der Kaffeezubereitung entstand im vorigen Jahrhundert (die erste Maschine dafür wurde 1855 auf der Weltausstellung in Paris vorgestellt) und räumt die Nachteile

Oben: Das Modell »Illetta«, die erste Maschine mit automatischer Wasserdosierung. Sie wurde 1935 von Francesco Illy *(unten)* gebaut und brachte eine grundlegende Neuerung: Druck- und Wärmequelle des Wassers waren getrennt. Während die damaligen Maschinen den Druck verwendeten, den der Dampf des heißen Wassers erzeugte, (man brauchte also für größeren Druck auch höhere Temperaturen und der Kaffee »verbrannte«), funktionierte die »Illetta« mit Druckluft.

der anderen Systeme aus: Langsamkeit und Aromaverlust des Aufgusses, wenn er fertig zubereitet bis zum Trinken warm gestellt wird. Die neue Maschine sollte in der Lage sein, in kurzer Zeit eine oder zwei Tassen Kaffee zu machen, so daß der Kunde in wenigen Augenblicken bedient würde. Um den Durchlauf des Wassers durch das Kaffeepulver zu beschleunigen, bediente man sich eines höheren Drucks, der anfangs mit Dampf erzeugt wurde und den der Barmann mit einigen Hähnen fachgerecht dosierte. Damals war die Zubereitung von Espresso eine wahre Kunst! Die erste Herstellerfirma von Espressomaschinen auf industrieller Ebene war Bezzera (1901), deren Beispiel in den folgenden fünfzig Jahren sieben weitere italienische und zwei französische Firmen folgten.

1935 ersetzte Francesco Illy den Dampf mit Druckluft und baute so die erste automatische Espressomaschine.

Alle damals auf dem Markt verfügbaren Modelle waren sehr kompliziert, teuer und schwierig in der Bedienung: Man fand sie deshalb fast nur in den Lokalen von »Pionieren«, die diese Neuheit verwendeten, um eine zahlreichere Kundschaft anzuziehen. Grundlegend änderten sich die Dinge erst 1945, dem Gründungsjahr der Firma Gaggia. Dieses Unternehmen erwarb sich das Verdienst einer drastischen Vereinfachung der Espressomaschine, indem sie eine neue Druckquelle einführte: Eine große Feder, die mit einem Hebel zusammengedrückt wird und dann einen Kolben schiebt, der das Wasser komprimiert.

In den fünfziger Jahren eroberten die Hebelmodelle verschiedener Hersteller die italienischen Bars und Restaurants, und noch heute bevorzugt man in einigen Gegenden Süditaliens diesen Maschinentyp, weil er Kaffee von besserer Qualität erzeugt.

Eine weitere große Innovation kam am Ende des Jahrzehnts: Der Kaffeemaschinenhersteller Ernesto Valente ersetzte die Feder der Hebelmaschine durch eine Rotationspumpe, die von einem elektrischen Hilfsmotor angetrieben wird. Da es nicht möglich war, die Pumpe mit heißem Wasser laufen zu lassen, beschloß Valente, das noch kalte Wasser zu komprimieren, bevor es in den Wärmetauscher im Kessel der Maschine ein-

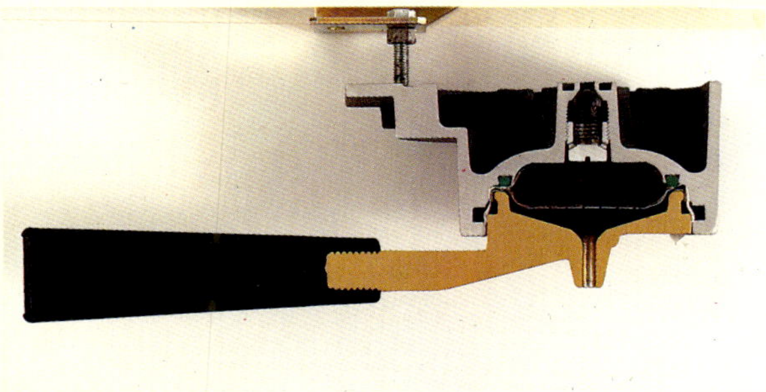

Ende der sechziger Jahre kam eine weitere Innovation bei der Espressozubereitung: das »Espresso-System« von Ernesto Illy. Der oben abgebildete Querschnitt erläutert die Funktion: Es handelt sich um eine Spezialmaschine mit einer »Extraktionskammer«, in die bereits gemahlener Kaffee kommt, dosiert, gepreßt und zwischen zwei Schichten Filterpapier eingeschlossen. Die Vorteile sind eine gute Qualität des Espressos, unabhängig von der Geschicklichkeit des Bedieners, sowie Einfachheit in Betrieb und Wartung.

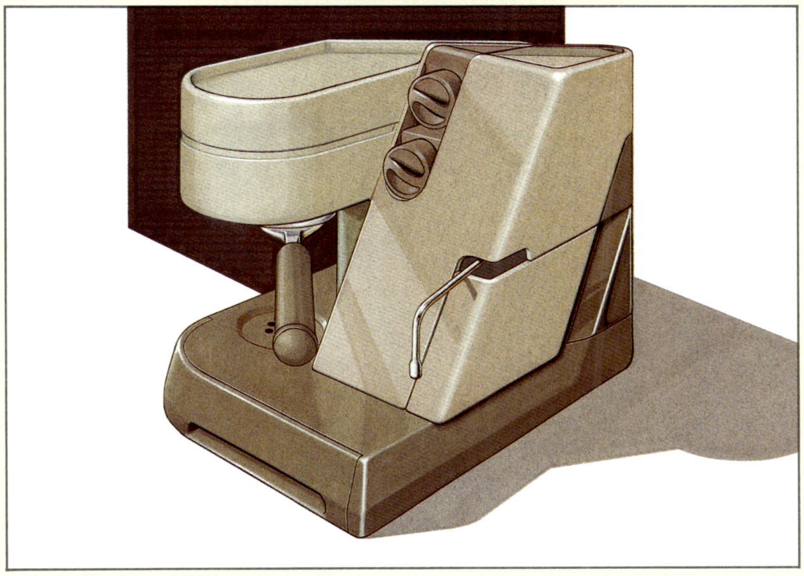

Die kleinen Espressomaschinen für den Hausgebrauch gehören heute schon fast zum Inventar einer modernen Küche. Deshalb konzentrieren sich die Hersteller vermehrt nicht mehr nur auf technische, sondern auch auf ästhetische Aspekte ihrer Produkte. *Links* und *oben:* einige Modelle vom Studio Giugiaro Design.

fließt. Während in der Vergangenheit das Wasser zuerst erhitzt und dann komprimiert wurde, begann man nun das Gegenteil zu tun. 1961 entstand so das erste Modell mit kontinuierlicher Abgabe, die berühmte Faema E 61, von der Hunderte von Exemplaren noch in Betrieb sind.
Dieses Modell ist heute sowohl in öffentlichen Lokalen, als auch in privaten Haushalten das verbreitetste; weiter verfügbar sind das Hebelmodell und das hydraulische Modell, bei dem der Kolben nicht von einer Feder, sondern vom Druck des Wassers in den Wasserleitungen bewegt wird. Das Geheimnis der Zubereitung eines guten Espressos liegt jedoch nicht nur in einer guten Maschine, sondern im Befolgen der sogenannten *Regel der vier M:* Mischung, Mühle, Maschine und Mensch; letzterer regelt und kontrolliert das korrekte Zusammenspiel der anderen drei M.

Die Mischung
Mit einer Espressomischung will man die Geschmacks- und Aromamerkmale des Getränks optimieren. Der Geschmack muß harmonisch sein. Süße ist ohne Zweifel überall beliebt, das Verhältnis zwischen bitter und sauer muß auf den überwiegenden Geschmack der Verbraucher abgestimmt werden, der regional unterschiedlich ausfällt.
Aroma wird von allen geschätzt; eine gute Kaffeemischung sollte deshalb möglichst viel Aroma besitzen. Man darf dabei jedoch nicht nur an die Quantität, sondern muß auch an die Qualität denken. Das Aroma muß angenehm sein, die Palette seiner Düfte breit und sortentypisch, um jeder Mischung einen unverwechselbaren Charakter zu verleihen.
Der Körper schließlich soll voll sein: Körperreichtum ist für den Kenner eine Garantie für eine gute Mischung und eine korrekte Zubereitung. Der Röster kann hauptsächlich mit zwei Elementen spielen: Zusammensetzung der Mischung und Röstgrad.

Eine Tasse Espresso, die mit Arabica-Sorten zubereitet wurde, weist eine haselnußbraune Creme mit rötlichen Schattierungen auf. Das Ergebnis aus Bohnen von Robusta-Kaffee unterscheidet sich davon beträchtlich: Die Creme ist dunkler, braun mit grauen Reflexen; sie ist dicker und hat größere Bläschen, löst sich aber schneller auf (neben den Tassen eine grüne und eine geröstete Bohne beider Arten).

Für eine Mischung werden verschiedene Kaffeepartien verwendet: Jede von ihnen hat eigene und unnachahmliche organoleptische Merkmale. Um konstant das beste Ergebnis zu erzielen, muß man also die Partien auswählen, indem man jeweils eine Probe davon versucht.
Man muß die Mischung so zusammenstellen, daß Geschmack und Aroma ausgeglichen werden, und die Zusammensetzung der Mischung jedesmal »eichen«, wenn eine neue Partie verwendet wird. Diese Methode liefert konstante Ergebnisse. Die weiter verbreitete Methode legt einmal eine Mischung nach dem oben beschriebenen Verfahren fest und behält sie dann bei: stets werden Kaffeepartien gleicher Herkunft und gleicher Beschreibung im selben Verhältnis gemischt.

Die gerösteten Bohnen in den Glasschälchen, die unter einer Trockenglocke stehen, sollen Laboruntersuchungen unterzogen werden. Gerösteter Kaffee ist sehr wasseranziehend. Die in der Luft enthaltene Feuchtigkeit könnte seine Struktur verändern und ihn härter machen. Das ist der Grund, weshalb der Mahlgrad für Kaffee stets den wechselnden Klima- und Wetterbedingungen angepaßt werden muß.

Das erleichtert die Arbeit, die Qualität der Mischung ist jedoch weniger konstant. Um eine Vorstellung von der idealen Zusammensetzung einer Espressomischung zu geben, lassen sich die Kaffee-Arten nochmals in drei Gruppen unterteilen: natürlicher Arabica, gewaschener Arabica und Robusta-Kaffee. Robusta-Kaffee hat außer dem niedrigen Preis einen weiteren Vorzug: Er gibt dem Espresso viel Körper. Dieser Vorteil wird jedoch durch zahlreiche Nachteile wie höherer Koffeingehalt, stärkerer Bittergeschmack, oftmals adstringierende Wirkung und Mangel an Aromen (meist holzartig und erdig) beeinträchtigt, so daß von seiner übermäßigen Verwendung abgeraten wird.

Die ideale Mischung besteht deshalb aus natürlichen und gewaschenen Arabica-Sorten. Erstere (vorzugsweise brasilianischer Santos) haben einen ausgewogenen Geschmack und ein mittelstarkes, weitgefächertes Aroma; sie sind in Anteilen von auch mehr als 50% die ideale Grundlage für jede Mischung. Die gewaschenen Sorten hingegen sind im allgemeinen weniger bitter und enthalten mehr Säure, sie haben ein sehr intensives, weniger breit gefächertes Aroma, ein blumiges, fruchtiges Bukett, das manchmal angenehm an den Geschmack von getoastetem Brot erinnert. Aus zwei Gründen jedoch darf man sie nicht zu viel verwenden: Ihre charakteristische Säure wird bei der Zubereitung von Espresso unterstrichen, und ihre Masse ist oft sehr hart, fast zäh.

Nach dem Mahlen sind die Teilchen sehr homogen; für den Durchlaß der Makromoleküle der Kolloide (die so wichtig für den Körper sind) ist jedoch eine differenziertere Körnung vorzuziehen, wie sie für die naturbelassenen Arabica-Sorten kennzeichnend ist.

Eine Espressomischung kann bei sehr hohen Temperaturen geröstet werden, die eine optimale Entfaltung der Aromastoffe ermöglichen; der ausgeprägt bittere Geschmack, wie er für dunkel gerösteten Kaffee typisch ist, ist hier kein Nachteil.

Er wird, wie wir gesehen haben, durch die Kolloide neutralisiert. Je nach Verbrauchergeschmack geht der Röstgrad von mittel (zum Beispiel für Norditalien) bis dunkel (für den Süden). Im allgemeinen werden dunkler geröstete Mischungen dort bevorzugt, wo der Espresso besonders stark getrunken wird: Der ausgeprägtere bittere Geschmack wird so durch eine größere Konzentration an Kolloiden ausgeglichen.

Die Mühle und Dosiervorrichtung

Die Hauptfunktion der Mühle besteht darin, die gerösteten Bohnen in kleine Teil-

Rechts: Eine kleine Rösttrommel; früher wurde diese Art von Maschinen mit Kohlen oder Holz betrieben, heute mit Gas, Öl oder elektrischem Strom. Die Trommel auf unserem Bild ist voll mit gerösteten Bohnen, die bei steigender Temperatur aufgegangen sind und ihr Volumen um etwa 50% gesteigert haben.

chen zu zermahlen, um die Kontaktfläche mit dem heißen Wasser zu vergrößern und dadurch das Extrahieren der löslichen Substanzen zu begünstigen. Die Teilchen dürfen jedoch nicht zu fein sein, sonst ist der Widerstand gegen das durchlaufende Wasser zu hoch; ihre Größe muß darüber hinaus ausreichend Platz lassen, um die Migration der Makromoleküle der im Wasser emulgierten Kolloide zu ermöglichen. Die Körnung des Mahlguts muß also sehr differenziert sein, d.h. sie muß von ganz feinem Staub bis zu Teilchen mit fast einem Millimeter Durchmesser gehen. Nur so ist das richtige Verhältnis zwischen Kontaktfläche, Widerstand gegen das durchlaufende Wasser und Raum zwischen den Teilchen gewährleistet.

Die Mahlflächen bestehen meist aus gehärtetem Schmiedestahl. Sie können flach oder kegelförmig sein und haben spitze Zähne, die die Bohnen festhalten und in immer feinere Teile zerkleinern. Die Entfernung zwischen den Mahlflächen kann je nach Mahlgrad eingestellt werden. Es gibt keine exakte Methode zur Bestimmung des richtigen Mahlgrades (der auch von Maschine zu Maschine unterschiedlich ist), was zählt, ist meist die Erfahrung mit Mühle und Mahlgut.

Die Regel besagt, daß Espresso mit 6–7 Gramm Kaffee bei einer Wassertemperatur von 90 °C mit 9-10 Atmosphären in 30 Sekunden (20 bei Haushalts-Espressomaschinen) zubereitet wird. Ist die Zeit länger, so ist das Mahlgut zu fein, d.h. der Abstand zwischen den Mahlflächen wird erhöht. Ist die Extraktionszeit geringer, so ist das Mahlgut zu grob. Es ist unmöglich, a priori festzulegen, wieviel gröber oder feiner die Mischung sein muß; man muß probieren und wieder probieren, bis man den richtigen Grad findet. Die Mahlflächen, das Herzstück der Mühle, nutzen sich ab und müssen deshalb von Zeit zu Zeit erneuert werden. Öfter, wenn sie eben und klein sind, seltener, wenn sie einen großen Durchmesser haben oder kegelförmig sind (manche können mehr als 1000 kg Kaffee mahlen).

Oben: Das Bild zeigt einige Frauen bei der Zubereitung von Kaffee. Die alten Handmühlen, von denen unten ein sehr schön verarbeitetes Exemplar abgebildet ist, sind noch heute die geeignetsten Kaffeemühlen für den Hausgebrauch. Sie haben konische Mahlflächen, die beim manuellen Betrieb nicht Gefahr laufen, die Bohnen zu überhitzen und dadurch zu verderben.

Nach dem Mahlen fällt das Pulver in die Dosiervorrichtung, wo der Kaffee aufbewahrt und das richtige Volumen bestimmt wird. Eine Waage drückt das Volumen der von der Dosiervorrichtung ausgegebenen Pulvermenge in Gewicht aus. Änderungen der Mischung oder des Mahlgrades verändern das spezifische Gewicht des Mahlguts und erfordern deshalb eine Kontrolle und Einstellung der abgegebenen Portion, um deren Gewicht konstant zu halten. Mahlgrad und Dosis müssen praktisch täglich kontrolliert und eingestellt werden.

Die Maschine

Das dritte »M« bei der Kaffeezubereitung ist die Espresso-Maschine: Sie liefert dem Wasser, das das Kaffeepulver durchlaufen und dessen beste Substanzen festhalten muß, Energie. Die dem Wasser verliehene Energie besteht aus Wärme und Druck, die von getrennten Quellen erzeugt werden, damit sie

Ein französisches Paar beim Kaffeekochen mit der Stoppuhr in der Hand. Die kleine Kaffeemaschine auf dem Foto nutzt das Prinzip der italienischen Espressokanne, aber das Wasser wird elektrisch in dem kleinen Kessel erhitzt, der von der Extraktionskammer getrennt ist. Ähnliche Modelle gab es auch in Italien; sie wurden jedoch bald durch die einfacheren und billigeren Espressokannen verdrängt.

einzeln ganz genau dosiert werden können: Hierin liegt das Geheimnis der Espressomethode.
Die Wärmezufuhr ist so dosiert, daß das Wasser nicht kocht, die richtige Temperatur liegt bei 90 °C, während der Druck eher hoch ist (9-10 Atmosphären). Meistens ist die Wärmequelle ein elektrischer Widerstand im Kessel; als Alternative dazu verwendet man manchmal Gas.
Der Druck wird im allgemeinen von einer elektrischen Pumpe erzeugt, vom Antrieb einer vorher aufgezogenen großen Feder oder vom Schub des Leitungswassers, der durch das Spiel von Kolben verschiedener Durchmesser verstärkt wird.
Herzstück der Espressomaschine ist die Ausgabevorrichtung, der zugänglichste Teil der Maschine; hier wird der gemahlene Kaffee in einen Filter mit flachem Boden und vielen winzigen Löchlein eingefüllt. Über dem Filter verteilt eine Sprühvorrichtung gleichmäßig das Wasser bei richtiger Temperatur und richtigem Druck. Das Wasser durchfließt das Pulver, extrahiert dabei die löslichen Stoffe sowie einige Gase und emulgiert Kolloide und Öle. Wenn die Flüssigkeit die Löcher auf dem Boden des Filters erreicht, werden durch die Ausdehnung die gelösten Gase frei, die zusammen mit den emulgierten Substanzen die winzigen Bläschen formen, die die Creme des Espressos kennzeichnen. Unter dem Filter wird der Kaffee in der Filterwanne gesammelt und über einen oder zwei Ausgießer auf die Tassen verteilt.
Die Ausgabevorrichtung ist der Teil der Maschine, der tägliche Pflege und Reinigung braucht, denn er kommt direkt mit dem gemahlenen Kaffee in Berührung; nach der Benutzung müssen die Sprühvorrichtungen, Filter und Filterwannen sorgfältig gereinigt werden. Diese Teile, wie auch die Pumpe, nutzen sich ab und müssen deshalb regelmäßig kontrolliert und eventuell erneuert werden. Um Kalkablagerungen im Kessel der Maschine zu vermeiden, verwendet man Wasserenthärter, meist auf kationischer Harzgrundlage, die die Kalzium- und Magnesiumionen des Wassers gegen Natrium- und Kaliumionen austauschen. In den kleinen Espressomaschinen für den Hausgebrauch kann anstelle des Wasserenthärters Mineralwasser (ohne Kohlensäure) mit geringem Mineralsalzgehalt verwendet werden. Das schützt die Maschine und ergibt, wegen der besseren Wasserqualität, auch einen besseren Espresso.

Der Mensch

Bei den ersten Espressomaschinen, die mit Dampfdruck arbeiteten, spielte der Faktor

Auf diesen Seiten sehen wir zwei Epochen im Vergleich. *Links:* In den 30er Jahren setzt sich, dank der ersten Maschinen aus Kupfer und Messing, der Espresso in den öffentlichen Lokalen durch. *Unten:* Die Verbreitung der kleinen Espressomaschinen für den Hausgebrauch seit den 70er Jahren ist Zeitgeschichte.

Mensch eine grundlegende Rolle, aber auch heute noch ist bei der Zubereitung von Espresso ein gewisses Fingerspitzengefühl vonnöten. Durch den Einsatz neuer Technologien beim Bau von Espressomaschinen, bis hin zur Elektronik, wurde die Zubereitung einfacher und in einigen Fällen auch schneller, aber die Endqualität hängt immer noch zum Großteil vom Können des Bedieners ab, der sich günstigsten Falls zu einem echten Meister des Espressos entwickelt.

Drei Aufgaben hat dieses vierte M: Die Auswahl der ersten drei, die Kontrolle, Einstellung, Reinigung und Wartung der Maschine sowie die eigentliche Zubereitung des Espressos. Nur eine gute Mischung, Mühle und Maschine ergeben einen guten Espresso. Die Wahl will deshalb überlegt sein. Man untersucht darum verschiedene Alternativen, wobei nicht nur Qualität und Zuverlässigkeit, sondern auch vom Hersteller garantierte Betreuung und Kundendienst zu beurteilen sind.

Folgende Werte sind kontinuierlich zu überwachen: Für Mühle und Dosiervorrichtung das Gewicht der Kaffeeportionen (zwischen 6 und 7 Gramm) sowie der Mahlgrad (damit der Espresso in 20-30 Sekunden durchläuft), für die Espressomaschine Wassertemperatur (zwischen 88 und 92 °C) und -druck (9-10 Atmosphären). Wenn einer dieser Werte von der Vorgabe abweicht, müßte man eine erneute Einstellung vornehmen oder den Kundendienst anfordern.

Einige Teile der Geräte müssen regelmäßig gereinigt werden: Einmal wöchentlich der Behälter für die Bohnen und die Dosiervorrichtung der Mühle; täglich Filter, Filterwannen und Sprühvorrichtungen der Maschine. Einige dieser Komponenten sind Verschleißteile; insbesondere Mahlflächen, Filter und Sprühvorrichtungen sind von Zeit zu Zeit auszutauschen. Das und gegebenenfalls das Entkalken der Maschine sind die Wartungsarbeiten, die der Mensch übernehmen muß. Bei Zubereitung des Espressos sollten nun einige Ratschläge befolgt werden: 1) die Filterwanne immer an der Maschine eingehängt lassen, damit sie nicht abkühlt; 2) sorgfältig den vorhergehenden Kaffeesatz entfernen, indem man die Filterwanne kräftig in dem entsprechenden Kasten ausklopft; 3) die Kaffeeportion entnehmen, d. h. den Hebel der Dosiervorrichtung ziehen und dann loslassen. Den Hebel nicht mit der Hand zurückführen, denn die Wirkung einer Feder läßt ihn zurückschnellen, und dieser Schlag garantiert, daß die gesamte Portion abgegeben wird; 4) den Kaffee fest in den Filter drücken, möglichst mit einer kleinen Handpresse mit geradem Boden, die parallel zum Filterboden zu hal-

Ein Querschnitt durch die Ausgabeeinheit einer Espressomaschine für den Hausgebrauch. Alle Bestandteile sind im Vergleich zu den professionellen Maschinen verkleinert worden: der Kessel (an dessen Stelle oft ein Wärmetauscher tritt), die Pumpe, das Gehäuse. Nur die Filterwanne und der Filter, der dieselbe Dosis Kaffeepulver enthalten muß, haben praktisch dieselben Dimensionen.

ten ist; 5) den Rand des Filters reinigen, bevor dieser an der Maschine eingehängt wird; 6) gut vorgewärmte, nicht zu große Tassen verwenden; 7) gleich nach dem Einhängen der Filterwanne den Ausgabevorgang starten; 8) auch bei automatischen Maschinen überprüfen, daß sich die Tassen mit der gewünschten Menge füllen (nicht immer geben die beiden Auslässe gleich viel ab). Arbeit und Mühen eines »Espressomeisters« sind also nicht zu unterschätzen; genauso groß ist jedoch seine Befriedigung, wenn er einen perfekten Kaffee servieren kann.

Kürzlich haben einige Firmen (Nestlé und Illycaffè) zur Erleichterung der menschlichen Aufgaben bereits gemahlene Kaffeeportionen entwickelt, die in einer besonderen Verpackung dosiert sind. Sie sind in

Auch an der Bahnhofsbar spielt der Espresso die Hauptrolle: Auf dem Wagen thront eines der neuesten Hebelmodelle von Gaggia. Diese Firma hat in der Nachkriegszeit diese Art von Maschinen verbreitet. Ihre Einfachheit in Herstellung und Bedienung hat dazu geführt, daß der Espresso in wenigen Jahren zum beliebtesten Getränk in den italienischen Bars wurde.

Espressomaschinen einzufüllen, die extra zur Aufnahme dieser Portionen angelegt sind. Die Einzelportion von Nestlé hat eine Aluminiumhülle, während die von Illycaffè gut gepreßt zwischen zwei Schichten Filterpapier eingeschlossen ist.

Dank dieser beiden Systeme wird die Zubereitung eines Espressos so vereinfacht, daß keine Kenntnisse und Anstrengungen erforderlich sind; das System reduziert auch die komplizierten Reinigungs- und Wartungsarbeiten an der Maschine beträchtlich. Und so wird die Zubereitung eines Espressos, einem hochkomplizierten Konzentrat von Geschmack und Aroma, zur einfachsten Sache der Welt.

Die Kaffeeprobe

Beim Trinken eines Espressos werden mit Ausnahme des Gehörs alle unsere Sinne einbezogen. Die abschließende Bewertung des Kosters ist die Summe der von Seh-, Geruchs-, Geschmacks- und Tastsinn (in dieser Reihenfolge) dem Gehirn zugeleiteten Signale, genau wie beim Sommelier. Der Sehsinn oder besser die Sichtprüfung der Creme, die den Espresso bedeckt, bereitet uns auf das Trinken vor und liefert wichtige Hinweise auf die korrekte Zubereitung und die Zusammensetzung der Mischung. Hat der Kaffee eine helle Creme mit gleichmäßiger, weißlichgelber Farbe, so ist er unterextrahiert: Wassertemperatur und/oder -druck sind zu niedrig oder die Extraktionszeit ist zu kurz (aufgrund einer zu kleinen Portion oder einer zu groben Körnung). Ist die Creme hingegen von dunkelbraun (fast

Das »Espresso-System« in Funktion: Dank dieser Methode erhält man auch ohne besondere Vorkenntnisse oder manuelle Geschicklichkeit einen richtig extrahierten Espresso. Das System wurde nach langen Forschungsarbeiten entwickelt, die die ideale Form und Höhe des Filters, den Druck auf das Kaffeepulver, die Menge und Körnung des Mahlgutes untersucht haben.

schwarz) auf der einen Seite, bis zu weiß auf der Gegenseite schattiert, so ist der Espresso überextrahiert: Temperatur und/ oder Druck des Wassers sind zu hoch oder die Extraktionszeit ist zu lang (aufgrund einer zu großen Portion oder einer zu feinen Körnung). Die korrekte Extraktion ergibt eine Creme gleichmäßiger Farbe, bestenfalls von dunkleren Streifen durchzogen, die als »Tigerstreifen« bezeichnet werden. Hat die Creme eine intensiv nußbraune Färbung mit rötlichen Reflexen und kleine und kompakte Bläschen, so besteht die Mischung überwiegend oder ausschließlich aus Arabica-Kaffee. Tendiert die Farbe hingegen zu dunkelbraun mit grau schattierten Reflexen und sind die Bläschen der Creme größer und weniger kompakt, so herrscht in der Mischung Robusta-Kaffee vor.

Die Regel für einen optimalen Espresso lautet: 30 Sekunden Extraktion, Wassertemperatur etwa 90 °C, Druck 9 Atmosphären. Nur bei dem rechten Espresso ist diese Regel befolgt. Der linke ist unterextrahiert, d. h. die Ausgabezeit ist zu kurz, der mittlere hingegen ist überextrahiert, d. h. die Ausgabezeit ist zu lang. Die Einzelproben des Extraktes, die alle fünf Sekunden in den darüber abgebildeten Reagenzgläsern gesammelt wurden, haben erst wachsendes, dann abfallendes Volumen; die Farbe wird immer heller.

Nach dem Sehsinn ist der Geruchssinn an der Reihe: Um die Aromen zu beurteilen, sollte man den Kaffee umrühren, weil die Cremeschicht dazu tendiert, das Ausströmen der Aromastoffe zu behindern.

Außer der Intensität wird auch die Qualität bewertet: Dies ist der schwierigste und subjektivste Teil der Kaffeeprobe, weil der Qualitätsbeurteilung der Aromen relativ enge Grenzen gesetzt sind. So kann bei den Arabica-Sorten das Aroma an Schokolade oder geröstetes Brot erinnern, kann blumig oder fruchtig sein, bei Robusta-Kaffee hingegen erinnert es oft an Holz, Erde oder Schimmel. Es handelt sich hier jedoch um eine extreme Vereinfachung, denn die Aromastoffe des Kaffees haben etwa 400 chemische Bestandteile, und es gibt unendlich viele Kombinationsmöglichkeiten.

Nun kommt die Geschmacks- und Geruchsprüfung (oder nur Geschmack, wenn man sich die Nase zuhält): Die Geschmacksmerkmale von Kaffee sind süß, sauer und bitter. Salzigen Geschmack gibt es im allgemeinen bei Kaffee nicht, es sei denn, er ist beim Transport auf den Schiffen mit Seewasser in Berührung gekommen. Süß schmeckt man in erster Linie mit den Rezeptoren an der Zungenspitze, sauer an den Zungenrändern und bitter an der Zungenwurzel. Das erklärt, weshalb der süße Geschmack als erster verschwindet (die Zungenspitze wird am stärksten vom Speichel benetzt) und der bittere als letzter. Süße und eine gewisse Säure sind Eigenschaften der Arabica-Sorten, während Robusta-Kaffee durch den höheren Koffeingehalt ein ausgeprägt bitterer Geschmack kennzeichnet. Der Tastsinn schließlich ermöglicht es, den Espresso nach Körper und adstringierender Wirkung zu beurteilen. Der Körper, jenes Gefühl der Dichte, das den Espresso aufgrund der Öle und Kolloide von allen anderen Zubereitungsarten des Kaffees unterscheidet, wird von Zunge und Mundschleimhaut erfaßt. Wahrscheinlich ist er so beliebt, weil damit aus bereits erklärten Gründen ein hoher Gehalt an Aromastoffen und ein geringer bitterer Geschmack assoziiert werden. Die adstringierende Wirkung hingegen ist ein unangenehmes Tastgefühl: Die Zunge gleitet nicht, sondern bleibt an den Mundschleimhäuten hängen. Dies wird von einigen chemischen Substanzen (wie Tannine) verursacht, die mit den Proteinen der Schleimhäute reagieren. Die adstringierende Wirkung gibt es häufig bei Robusta-Kaffee und im allgemeinen bei unreifen Bohnen beider Arten.

Am Ende der Kaffeeprobe sind wir nun in der Lage, ein Gesamturteil zu geben. Von allen Signalen, die Seh-, Geruchs-, Ge-

Außer dem Geschmackssinn wird beim Trinken eines Espressos auch der Geruchssinn stark mit einbezogen. *Rechts* sind von oben nach unten und von links nach rechts einige der Aromen symbolisch dargestellt, die im besten Fall anzutreffen sind: das Aroma von geröstetem Brot, blumiges, schokoladiges oder fruchtiges Aroma. Im allgemeinen werden bei den Kaffeeproben diese und andere Bezeichnungen verwendet.

Die Espressotasse hat ihre Form über die Zeit weitgehend beibehalten, trotz der Entwürfe von Designern und Künstlern. Hier sind einige Exemplare aus der französischen Ausstellung »Un café avec . . .« im Juni 1989 zu sehen. *Links:* »Marie servez-chaud« von Aimé Deude. *Oben:* von oben nach unten und von links nach rechts: »Fantaisie pour une anse« von Sylvain Dubuisson, »Hommage à la Reine du Sluamir« von Marco De Guelt, »Tasse et tazzina« von Oliver Gagner und »Toupie« von Rena Dumas.

schmacks- und Tastsinn ans Gehirn senden, sind die Gerüche für das Endurteil ausschlaggebend. Erstens, weil Menge und Vielfalt der Aromen eines Espressos nur schwer von anderen Speisen oder Getränken nachzuahmen sind; zweitens, weil der Geruchssinn bei der Evolution des Menschen als erster perfektioniert wurde, da er die Möglichkeit bietet, gesunde von schlechten Speisen zu unterscheiden und dadurch das Überleben sicherstellte. Heute brauchen wir zwar den Geruchssinn nicht mehr zum Überleben. Wir können ihn jedoch dazu einsetzen, die Freuden des Lebens voll zu genießen. Und der Espresso ist ein Weg dazu und ruft uns eben dies Tag für Tag in Erinnerung.

Diese alte Kaffeekanne ist nicht nur ein wertvoller Kunstgegenstand, sondern auch ein Symbol, das uns die fernen Ursprünge des Kaffees sowie seine enge Bindung an die Kultur und den Fortschritt der Menschheit ins Gedächtnis ruft. Sie erinnert uns auch daran, daß wir zwar in einer verworrenen und hektischen Zeit leben, daß wir aber trotzdem oder gerade deshalb ab und zu eine Rast einlegen müssen, uns setzen und unsere Gedanken sammeln, vielleicht bei einer guten Tasse Kaffee.

LITERATUR

Jacki Baxter, *Il libro del caffè*, Dilettoso & Co., Milano 1987

Eugen C. Bürgin, *Kaffee*, Sigloch Edition, Künzelsau 1978

Caféhäuser, ohne Autor, Nicolaische Verlagsbuchhandlung, Berlin 1979

R. J. Clarke/R. Macrae, *Coffee – Volume 1: Chemistry*, Elsevier Applied Science, New York 1985

R. J. Clarke/R. Macrae, *Coffee – Volume 2: Technology*, Elsevier Applied Science, New York 1987

R. J. Clarke/R. Macrae, *Coffee – Volume 4: Agronomy*, Elsevier Applied Science, New York 1988

M. N. Clifford/K. C. Willson, *Coffee – Botany, Biochemistry and Production of Beans and Beverage*, Croom Helm, Beckenham 1985

Kenneth Davis, *The Coffee Book*, Whittet Books, Weybridge 1980

Kenneth Davis, *Coffee*, 101 Productions, Usa 1987

P. B. Dews, *Caffeine*, Springer-Verlag, New York 1984

Felipe Ferré, *Il caffè*, Silvana Editoriale, Milano 1988

Ulla Heise, *Kaffee und Kaffeehaus*, Olms Presse, Hildesheim 1987

Bernhard Rothfos, *Coffee Production*, Gordian-Max Rieck, Hamburg 1985

Bernhard Rothfos, *Coffee Consumption*, Gordian-Max Rieck, Hamburg 1986

J. W. Rowe, *The World's Coffee*, Her Majesty's Stationery Office, London 1963

Mariarosa Schiaffino, *Le ore del caffè*, Idealibri, Milano 1983

Michael Sivetz/H. Elliott Foote, *Coffee Processing Technology – Volume 1*, The Avi Publishing Company, Westport 1963

Michael Sivetz, *Coffee Processing Technology – Volume 2*, The Avi Publishing Company, Westport 1963

Gene A. Spiller, *The Methylxanthine Beverages and Foods: Chemistry, Consumption and Health Effects*, Alan R. Liss, New York 1984

William H. Ukers, *All About Coffee*, The Tea & Coffee Trade Journal Company, New York 1935

Michael Vanier, *Le livre de l'amateur de café*, Robert Laffont, Paris 1983

René Wilbaux, *Le traitement du café*, FAO, Roma 1961

Gordon Wrigley, *Coffee*, Longman Scientific & Technical, Harlow 1988